ПРО ЩО ДУМАЄ ДИТИНА?

ПРО ЩО ДУМАЄ ДИТИНА?

ПРАКТИЧНА ДИТЯЧА ПСИХОЛОГІЯ ДЛЯ СУЧАСНИХ БАТЬКІВ

ТАНІТ КЕРІ

КЛІНІЧНА ПСИХОЛОГИНЯ, ДОКТОРКА
АНХЕРЕД РУДКІН

Старша редакторка	Ніккі Сімс
Старша художня редакторка	Емма Фордж
Дизайнер	Том Фордж
Редакторка	Еліс Горн
Асистентка редакторки	Меґан Лі
Ілюстраторка	Мік'юн Лі
Продюсерка, підготовка виробництва	Лениця Кенанська
Дизайнерка обкладинки	Нікола Полін
Відповідальна редакторка	Дон Гендерсон
Відповідальна художня редакторка	Меріен Маркам
Художня редакторка	Максін Педліем
Випускова директорка	Мері-Клер Джеррем
Менеджер з продажів креативних проектів	Елісон Донован

Опубліковано в співпраці DK і видавництва «Ранок», Україна

Уперше опубліковано у Великій Британії в 2019 р. компанією Dorling Kindersley Limited
DK, One Embassy Gardens, 8 Viaduct Gardens, Лондон SW11 7BW

Уповноважений представник у EEA є Dorling Kindersley Verlag GmbH.
Arnulfstr. 124, 80636 Мюнхен, Німеччина

Copyright © 2019, 2022 Dorling Kindersley Limited
Text copyright © 2019 Tanith Carey
Illustrations copyright © 2019 Mikyung Lee
A Penguin Random House Company
10 9 8 7 6 5 4 3 2 1
001–310527–Jul/2022

A CIP catalogue record for this book is available from the British Library
ISBN 978-0-2416-1816-5

Надруковано в Словаччині

Для допитливих
www.dk.com

MIX
Paper | Supporting
responsible forestry
FSC™ C018179

FSC
www.fsc.org

This book was made with Forest Stewardship
Council™ certified paper – one small step in
DK's commitment to a sustainable future.
For more information go to
www.dk.com/our-green-pledge

Зміст

1 ЧОГО ВИ БАЖАЄТЕ ДЛЯ СВОЄЇ ДИТИНИ?

2 ЯК РОЗВИВАЮТЬСЯ ДІТИ

3 2–3 РОКИ

④ | 4–5 РОКІВ

⑤ | 6–7 РОКІВ

Слово авторки

Кожен, хто має дітей, знає це відчуття: коли якимось дивом мусиш знати, як вчинити правильно. Що робити, коли дитина відмовляється вдягати куртку або відтягує вкладання спати? Батьки часто перебирають «правильні» слова й реакції, сподіваючись віднайти ті, що зрештою спрацюють.

Ми написали цю книгу з метою підказати вам, що робити в такі моменти, — допомогти зрозуміти, що відбувається в голові у дитини. Прочитавши цю книгу, яка ґрунтується на результатах найкращих досліджень у сферах дитячої психології та неврології, ви зможете поглянути на світ очима дитини та згадати, наскільки дитяче сприйняття відрізняється від дорослого.

Але не лише це відрізняє нашу книгу від багатьох подібних. У більшості книжок про виховання взаємодію з дітьми розглянуто як однобічний вплив: авторитетні дорослі вказують дітям, як поводитися, а ті слухають. Але процес виховання — це саме **взаємодія**, і заглядати в себе — не менш важливо. Усі ми маємо певний «внутрішній сценарій», де «розписано», як саме «має» поводитися батько чи мати. Утім, якщо ми не готові відійти від цього «сценарію» — можна не помітити, що помилкові уявлення та упередження заважають нам сформувати справді міцний зв'язок зі своїми дітьми. Щиро прагнучи вчинити якнайкраще, ми можемо не усвідомлювати, що наші слова, які мали б «дисциплінувати» дитину, навпаки, ще більше вибивають її з психологічної рівноваги. Отже, це перша книга про виховання, яка водночас показує думки і батьків, і дітей; з її допомогою ви зможете зорієнтуватися у більш ніж сотні життєвих ситуацій та точок напруги.

У віці 2—7 років відбувається становлення особистості. Єзуїтська мудрість «Дайте мені дитину, молодшу за сім років, — і я зроблю з неї людину» має наукове підґрунтя: до 7 років мозок уже сформований на 90 %. Хитросплетіння нейронних зв'язків утворились під впливом як власного досвіду дитини, так і ставлення до неї інших людей — від самого народження.

Батькам нашого покоління неймовірно пощастило: адже завдяки відкриттям у сферах неврології, скануванню мозку і багаторічному вивченню розвитку дітей ми зараз обізнаніші, ніж будь-коли. Працюючи в команді, я — авторка, яка пише про виховання дітей, і докторка Анхеред Рудкін — шанована дитяча психологиня — зібрали з цих досліджень усе найкраще, спираючись також на власний досвід (у нас п'ятеро дітей на двох). Більшість цієї інформації донедавна не була доступною для широкого загалу.

Ми переконані, що жодна інша книга не дає батькам настільки повного (на 360°) огляду і не спирається на такі глибокі дослідження у розв'язанні багатьох повсякденних проблем. Звісно, у жодній книзі не можна охопити абсолютно всі випадки життя, але ми певні, що ці поради неодмінно допоможуть вам покращити своє спілкування з дитиною.

Інколи здається, що життя батьків приречене обертатися довкола нових і нових спалахів гніву, суперечок та істерик. Радимо переглядати цю книгу як путівничок, котрий допоможе вам зрозуміти, що саме намагається вам сказати дитина в певних ситуаціях, та більш виважено на них реагувати. Сподіваємося, що, маючи цю книгу під рукою, ви зможете якісно змінити свої стосунки з дитиною; стати спокійнішими та ближчими одне до одного.

Таніт Кері

Передмова

«Про що думає дитина?» — нова можливість поглянути на світ очима малюка з урахуванням ваших поглядів як батька чи матері. Прочитавши цю книгу, ви зможете швидко та правильно розуміти поведінку вашої дитини.

Процес виховання дитини — тернистий шлях. У цій книзі надано витяги з найбільш релевантних розділів дитячої психології, неврології та передової практики у вигляді змодельованих життєвих ситуацій, щоб потрібна інформація завжди була під рукою. На її сторінках запропоновано поради, якими можна скористатися тут і зараз, — але треба розуміти, що деякі ситуації потребують більш комплексного підходу, а тому для них наведено поради з розрахунку на довготривалу перспективу.

Розбираємося в стадіях розвитку

У цій книзі розглянуто поведінку дітей віком від 2 до 7 років — період формування особистості, коли діти починають досліджувати навколишній світ, опановують мовлення, знаходять друзів, відстоюють власну самостійність. Щоб вам було простіше розібратися в найпотаємніших думках своєї дитини і досягти якнайкращого співвідношення з основними стадіями розвитку, книжку поділено на розділи, що охоплюють три основні вікові групи:

- 2—3 роки;
- 4—5 років;
- 6—7 років.

Так само як ваша дитина спершу вчилася сидіти, потім стояти, а вже потім — ходити,

стадії розвитку мозку (хоча й не є такими очевидними) також відбуваються у певній послідовності. Кожна дитина унікальна, тож навіть за збереження послідовності кожен малюк проходитиме їх у власному темпі.

Сучасний підхід

У віці 2—7 років мозок та мислення хлопчиків та дівчаток розвиваються приблизно однаково. Отже, ми по черзі використовуємо займенники «він» та «вона», описуючи в книзі ситуації; вони є взаємозамінними. Також з огляду на те, що розподіл гендерних ролей змінився і догляд за дітьми вже не вбачається переважно зоною відповідальності матерів, кожен із наведених сценаріїв однаково підійде і для батька, і для матері. Хоча в книзі йдеться про мам і тат, вона буде корисною для будь-кого, хто хоче краще розуміти дітей: для бабусь та дідусів, учителів та няньок.

Практична психологія

У книжці наведено понад сто повсякденних ситуацій. Такий формат допомагає швидко зрозуміти, що говорить і думає ваша дитина, із урахуванням обставин, у яких опинилися батьки, та з розумінням, як вони через це почуваються. Не лише малеча щоденно засипає батьків безліччю запитань — батьки теж мають

❝ ❞
«БАТЬКИ ДЛЯ МАЛЕНЬКОЇ ДИТИНИ — ЦІЛИЙ ВСЕСВІТ. ТЕ, ЯК БАТЬКИ СТАВЛЯТЬСЯ ДО МАЛЯТ, ПРЯМО ВПЛИВАЄ НА ЇХНЄ САМОСПРИЙНЯТТЯ».

їх не менше. Чи піддатися на ниття дитини? Чи всі ґаджети шкідливі? Чому він не робить, як йому сказано? У цій книзі запропоновано відповіді на всі запитання.

Структура книги дозволяє швидко знайти те, що вам потрібно, та швиденько розв'язати проблему, яка постала перед вами. Мірою застосування вдалих рішень ваше розуміння власної дитини, певного етапу її розвитку й того, як поводитися за подібних обставин, зростатиме, як і ваша впевненість.

Час від часу та сама поведінка дитини (як-от дратівливість чи сварки з братом або сестрою) матиме різні причини і, відповідно, ми наводимо різні рекомендації щодо того, як реагувати. На цей випадок ми створили блок-схеми, що допоможуть вам розібратися в тонкощах ситуації та обрати найкраще рішення із можливих.

Ми також додали блоки практичних порад щодо врегулювання найбільш типових ситуацій, як-от похід з дитиною до кафе, проблеми сну, подорожі автівкою. У цих блоках вміщено короткі схематичні поради для кожної з вікових груп.

Покращення взаємин

Сподіваємось, що ви, навчившись розуміти поведінку дитини, зможете краще впоратися з найскладнішими аспектами виховання і, зрештою, вибудуєте глибокий та міцний зв'язок зі своєю дитиною, який збережеться на довгі роки.

РОЗДІЛ 1

Чого ви бажаєте для своєї ДИТИНИ?

Ваш власний дитячий досвід

Кожна людина має унікальний підхід до виховання,
адже вихідним пунктом є її власний дитячий досвід. Можливо,
ви запозичите з цього досвіду ті виховні методи, які, на вашу думку,
чудово спрацювали, — чи, навпаки, спробуєте дати своїм малим
те виховання, якого хотіли би для себе.

Щоб розібратися у вашій моделі взаємин з дитиною, дайте відповіді на запитання про власне дитинство та попросіть подружжя чи партнера/партнерку зробити так само. Проговоріть чи запишіть свої думки з цього приводу — а потім разом розберіть ваші відповіді. Не дивуйтеся, якщо ця вправа викличе у вас обох досить сильні переживання. Вона допоможе вам проаналізувати свої сильні та слабкі сторони та з'ясувати, як вам краще працювати в команді заради дитини.

Q | **У конфліктних ситуаціях мої батьки:**

- сварилися при мені;
- ніколи не сварилися при мені;
- висміювали одне одного та гнівалися;
- інколи сварилися при мені, потім мирилися.

Q | **У питаннях дисципліни мої батьки були:**

- непохитними;
- гнучкими та невимушеними;
- здатними балансувати між любов'ю та обмеженнями.

Q | **У питаннях шкільної успішності мої батьки:**

- не втручалися;
- спокійно сприймали мої оцінки;
- змушували мене вчитися якнайкраще.

Q | **Мій час вкладання спати:**

- жорстко контролювався;
- був гнучким.

Q | **У дитинстві мені здавалося, що:**

- батьки мають улюбленців;
- ставлення до всіх дітей у сім'ї однакове.

Q | **На свята й канікули наша родина:**

- намагалася більше бути разом;
- рідко збиралася разом.

 Коли йшлося про вияв почуттів:

- мені дозволяли проявляти негативні емоції;
- мене заохочували до прояву лише позитивних емоцій;
- батькам було байдуже на мої емоції.

Q З матеріальних речей мені купували:

- що я забажаю;
- лише необхідне;
- так мало, що мене не полишало почуття обділеності.

Q У плані пестощів:

- ми багато обіймалися;
- мене обіймали за потреби;
- у нас не було заведено проявляти ласку.

Пошук компромісів

Ситуацію ускладнюватиме ще й те, що у вихованні дітей мають значення не тільки ваші бажання, а й прагнення інших сторін — хай то подружжя/ колишнє подружжя чи інший родич, який дбає про дитину. Ви можете не усвідомлювати, наскільки різними є ваші погляди на виховання, доки не проговорите їх!

Розуміння поглядів та очікувань одне одного щодо виховання дитини дозволить уникнути взаємних звинувачень та конфліктів або скоротити їх, — але також допоможе вам встановити чіткі межі для дитини, яких усі завжди дотримуватимуться.

Виховання самотужки

Якщо ж ви виховуєте дитину самотужки — саме вам вирішувати, якого курсу дотримуватися. Однак навіть у цьому разі варто час від часу радитися з особою, якій довіряєте (хай це буде родич або друг), щоб мати свіжий погляд на ситуацію.

Якими є ваші цінності?

Виховання дітей — найскладніша, але найкраща роль з усіх, які вам коли-небудь випадали. Потрібно усвідомлювати власні думки, принципи та переконання. Розібравшись, які з ваших цінностей найважливіші для вас, ви зробите свій досвід батьківства значно простішим.

Виховання дитини — це шлях до відкриттів. Ми всі ступаємо на нього з найкращими намірами, націлені створити домівку, сповнену сімейної гармонії. На цьому шляху вам знадобляться терпіння, доброта, розуміння та всі інші можливі чесноти. Спиратися на них може бути простіше чи складніше — залежно від повсякденних труднощів, злетів і падінь та накопиченого рівня стресу. Аби міцно стояти на землі, не тонучи у сипких пісках повсякдення, не зайве визначити та підкріпити ваші цінності.

Основні цілі вашого батьківства

Цінності — це те, що ви готові відстоювати, через що хочете запам'ятатися. Варто дотримуватися бажаної моделі батьківства, якщо ви сформулюєте ці цінності та спиратиметесь на них. Подумайте про них як про вимоги до кандидата на посаду або як про основні цілі проєкту «батьківство».

Визначатися з цінностями варто разом із людьми, які беруть участь у вихованні, — адже розбіжності між позиціями батьків дезорієнтують дитину. Робота в команді, навпаки, допомагає дитині розуміти, чого від неї очікують, та почуватися захищеною.

Що для вас найважливіше?

Пропонуємо вам орієнтовний перелік чеснот на сторінці праворуч, але не вагайтесь додати до нього щось від себе. Спираючись на ці цінності, дайте відповіді на запитання, наведені нижче. Порівняйте свої відповіді з відповідями того, з ким спільно виховуєте дитину: розуміючи мотивацію одне одного, ви зможете зрозуміти витоки цих розбіжностей і те, як дійти компромісу.

 Оберіть з переліку п'ять найважливіших для вас цінностей.

- Що у батьківстві для вас найважливіше?
- Яким батьком/якою матір'ю ви хотіли би бути?
- Які стосунки ви прагнете вибудувати з дитиною?
- Як би ви поводилися, якби стали «ідеальною версією себе»?
- Які відгуки про свою дитину ви хотіли б чути від її оточення?
- Яким/якою ви хотіли б лишитися у пам'яті дитини, коли вона виросте?

розум свобода доброта пригодницький дух

чемність сумлінність співчуття сила готов-ність хоробрість спокій

ніжність

неупередженість розсудливість

наполегливість чесність

ЦІННОСТІ БАТЬКІВСТВА

спілкування

ретельність вірність

контрольованість врівноваженість

легкість у спілкуванні дружність веселощі

терплячість обійми

лідерство прощення надійність незалежність мудрість вмотивова-ність

творчість

самоусвідом-лення

Дитина в центрі уваги

Маленьким дітям ще бракує слів та життєвого досвіду, щоб зрозуміти, а надто пояснити свої емоції, — тож вони «висловлюють» їх діями. Пам'ятайте про це, виховуючи свого малюка та вибудовуючи стосунки з ним, — і це справить безмірно добрий вплив на його емоційний добробут.

Дитиноцентричне батьківство передбачає пильнування почуттів своєї дитини та розуміння того, що відбувається формування її особистості. Це прагнення почути, що маля насправді намагається сказати, коли його дії спричиняють стільки незручностей дорослим, — замість просто назвати дитину «неслухняною» чи «складною». Приміром, якщо ваша дитина поводиться нечемно, — є спокуса якнайшвидше покарати її. Якщо ж ви усвідомлюєте, що маля з усіх сил намагається опанувати вир своїх почуттів, — вашою інстинктивною реакцією буде допомогти.

Та дитиноцентричне батьківство — це не про постійні поступки й потурання. Це про усвідомлення, що ви — сформована доросла людина, натомість маля все ще розвивається, і досвід, який воно дістане зараз, вплине на те, яким воно виросте.

Чому емпатія важлива

Завдяки неврології та скануванню мозку ми знаємо, що уважне емпатичне виховання впливає на розвиток лімбічної системи (так званого «емоційного мозку»).

Краща пристосованість до життя: діти, які в складні часи отримували від батьків емпатію, краще навчаються в школі та дають раду стресу.

Це відбувається завдяки тому, що, коли ви налаштовуєтеся на емоції своєї дитини і допомагаєте їй розпізнати ці емоції, — ви сприяєте формуванню нових нейронних зв'язків, які допоможуть дитині легше опановувати себе надалі.

Більш врівноважений характер: втішаючи дитину, ви допомагаєте їй заспокоїти та врівноважити свою автономну нервову систему. Якщо ж ми, навпаки, подразнюватимемо її сигнальні системи, кричачи та соромлячи, і сподіватимемось, що це зробить її «хорошою» чи «тихою», — ми лише посилимо її реакцію «бийся або тікай», що, своєю чергою, підвищить її тривожність та ризик неконтрольованого викиду емоцій.

Звісно, постійно реагувати на найменші потреби своєї дитини просто неможливо. Але якщо ви якомога більше наповнюєте своє ставлення до малюка теплом та емпатією, він, дуже ймовірно, стане теплою та емпатичною дорослою людиною.

" "

«ВАМ ДОПОМОЖЕ ТАКИЙ ОРІЄНТИР: НАЙБІЛЬШЕ В ЖИТТІ ДІТИ ПРАГНУТЬ РОЗУМІННЯ З БОКУ ТИХ ДОРОСЛИХ, ЯКІ ПРО НИХ ДБАЮТЬ».

Шпаргалка для батьків

Ось кілька порад, які допоможуть пригадати, як поводитися в будь-якій ситуації.

Подавайте добрий приклад. Найкраще діти навчаються, спостерігаючи за батьками та копіюючи їхню поведінку. Можливо, саме це найсильніше вплине на те, ким дитина виросте. Тож поводьтеся так, як хочете, щоб поводилася ваша дитина.

Дайте дитині заспокоїтися. Коли малі діти налякані, роздратовані чи розлючені, активується амигдала — одна з важливих ділянок головного мозку, покликана реагувати на загрозу. Це, своєю чергою, призводить до насичення тіла та мозку дитини гормонами стресу. У такі моменти дитина вас просто не чує, тож перше, що варто зробити, — допомогти їй заспокоїтися, знизити рівень стресу замість додавати нового криком та лайкою.

Заспокойтеся самі. Коли ви роздратовані поведінкою дитини, дайте собі трохи часу на те, щоб відсторонитися від ситуації й опанувати себе, перш ніж реагувати.

Приймайте будь-які емоції своєї дитини. Коли дитина висловлює ненависть чи смуток, батьки часто кажуть їй, що так почуватися не можна. Будьте готові приймати ці почуття — так дитина зможе впоратися з ними.

«Достатньо хороший» батько, «достатньо хороша» мати

Багатьох батьків гнітить потреба бути «ідеальними» — надто у сучасному конкурентному світі, де дуже легко відчути осуд чи стати об'єктом порівняння. Водночас, хоч яким абсурдним це здається, найпростіший спосіб бути хорошими батьками — перестати прагнути досконалості.

Ідея не намагатися бути досконалими — основа «достатньо доброго» батьківства. Цей термін, уперше запроваджений у 1950-х роках англійським педіатром і психоаналітиком Дональдом Віннікоттом, здобув схвалення багатьох поколінь експертів з дитячого розвитку. Згідно з цією концепцією, доцільно задовольняти достатньо емоційних і фізичних потреб дитини, щоб вона могли вирости здоровою та врівноваженою.

Сьогодні ми прагнемо досконалості в усьому, а тому «достатньо добре» може видатися щонайменше посередньою ідеєю. Однак у сфері виховання дітей «достатньо добре» батьківство — це емоційно здоровий підхід до цього непростого завдання.

Концепція «достатньо доброго» батьківства визнає, що в усіх бувають вдалі й невдалі дні і що краще пробачити собі помилки, яких ми припустилися, аніж вічно мучитися від почуття провини. Гонитва за недосяжним ідеалом вам не допоможе, адже породжує лише стрес і тривожність. Прагнення досконалості також негативно впливає на зв'язок батьків з дітьми.

Вінніコотт вважав, що батьки, не годні досягти ідеалу, починають самоїдство і втрачають впевненість — натомість діти найбільше потребують, щоб людина, яка дбає про них, була щасливою, розслабленою та люблячою. Гонитва за досконалістю також подає поганий приклад дітям, які виростуть із нереалістичним сприйняттям життя, та, своєю чергою, можуть «заразитися» перфекціонізмом.

Піднімаємо самооцінку батьків

Інколи здається, що батьківство — це коли все змінюється; щойно ви зрозуміли особливості певного етапу розвитку дитини — і от уже знову намагаєтеся надолужити. Але ваше знання дитини — її характеру, талантів та бажань — постійно поглиблюється, що дозволяє ухвалювати більш коректні рішення у найрізноманітніших ситуаціях. Впевненість приходить з практикою.

Час, коли ви можете просто побути зі своєю дитиною, — безцінний, тож спробуйте знайти

ПЕРЕГЛЯНЬТЕ ПОВ'ЯЗАНІ ТЕМИ

Якими є ваші цінності? с. 16—17
Дитина в центрі уваги, с. 18—19

" "

«ЛИШЕ МІЦНИЙ ЗВ'ЯЗОК З БАТЬКАМИ ДАЄ ДИТИНІ ВІДЧУТТЯ БЕЗПЕКИ».

бодай трохи того часу щодня. У ці хвилини позбудьтеся усього, що відволікає, аби ви могли насолоджуватися компанією одне одного та бути присутніми в моменті. Успішне батьківство залежить від відкритого та відвертого спілкування між усіма членами вашої «виховної команди». Проговорюйте моменти, які можуть викликати неприязнь, — як-от розподіл обов'язків з догляду за дитиною, — та шукайте способи приборкати рівень стресу.

Насолоджуйтесь процесом

Оповивання дитини нескінченним потоком безумовної любові, покращення своїх навичок розуміння її поведінки та реагування на цю поведінку з огляду на її добробут зробить ваше родинне життя спокійнішим та щасливішим.

РОЗДІЛ 2

Як розвиваються

ДІТИ

З чого починається пізнання

Мозок вашої дитини спершу постає як маса клітин, зліплених докупи; їм тільки належить впорядкуватися. З часом мільйони нейронів вишикуються в ланцюжки, і зв'язки між ними посиляться за допомогою повторення, спроб і помилок, наслідування та розв'язування задач.

Навчання мислення

Спершу дитина пізнає світ виключно органами чуттів. Уперше запхавши до рота дерев'яний кубик, немовля спонукає свій мозок опрацьовувати характеристики цього кубика: смак, вагу, відчуття на дотик. Пізніше, коли дитина спробує звести вежу з кубиків, — вона зрозуміє дещо про причинно-наслідковий зв'язок, а потім і про силу тяжіння (коли випадково перехилить своє творіння).

Повторення цих дій активує нейрони, формуючи синаптичні зв'язки між ними.

Спершу маля не усвідомлює, що кольоровий кубик, який так сподобався, має назву. Але з часом воно впізнаватиме звуки, які ви найчастіше вимовлятимете, даючи йому той кубик, — і зрозуміє, що ця штука називається кубиком. З розширенням свого словникового запасу дитина зможе скористатися можливостями лівої півкулі мозку, щоб впорядкувати думки. Це також дасть їй змогу формувати довші речення — тож вона ставитиме більше запитань і розумітиме ваші пояснення явищ.

Використання ще довших речень дасть дитині змогу розповідати історії зі свого життєвого досвіду самій собі — і це стане засадами формування пам'яті. А вже маючи здатність до запам'ятовування, маля зможе зберігати набуту інформацію та використовувати її для пізнання світу.

Навчання співвідношення

Немовля приходить у цей світ налаштованим лише на задоволення власних потреб. Не маючи

" "

«ЗМІНИ, ЩО ВІДБУВАЮТЬСЯ В МОЗКУ ДИТИНИ ПРОТЯГОМ ПЕРШИХ СЕМИ РОКІВ, ВПЛИВАЮТЬ НА ЇЇ РОЗУМІННЯ СВІТУ ПРОТЯГОМ УСЬОГО ПОДАЛЬШОГО ЖИТТЯ».

іншого досвіду, воно вважає, що світ обертається навколо нього. Ланцюжки нейронів для контролю власних емоцій закладено в дитині ще до народження, однак з часом виникають взаємодії «подача-повернення подачі»: якщо виск захвату, який видає маля, коли ви заходите в кімнату, щоразу підкріплюється вашою усмішкою та обіймами — нейронні ланцюжки, пов'язані з цими емоціями, посилюються.

Спостерігаючи за вами і слухаючи, як ви говорите про свої почуття, дитина з часом усвідомлює, що ви також маєте емоції. Коли ви відправляєте її до ліжка, а вона ще не хоче лягати — дитина розуміє, що значущими є не тільки її власні думки й бажання. Це розуміння, відоме як «теорія свідомості», дає змогу малечі дивитися на речі з точки зору інших людей та формувати перші дружні зв'язки.

Навчання почуттів

Коли ваша дитина була немовлям, вона відчувала тільки одну сильну емоцію за раз, і всі вони утворювалися у первісних, базових частинах мозку. Згодом вона

відчула, що певні дії приносять їй задоволення, і її організм став виробляти гормони задоволення: дофамін, окситоцин і серотонін. Водночас дитина зрозуміла, що те, чого їй не хочеться робити, засмучує її (реакція на гормони стресу адреналін та кортизол).

Коли ви розповіли дитині, як називаються її почуття, а також поговорили з нею про ваші — дитина усвідомила існування слів, здатних описати те, що вона відчувала. Мірою розвитку кори лівої півкулі мозку дитина дедалі більше опановувала мовлення і розуміла, що вона може висловлювати свої потреби. Що більше ви до неї говорили — то краще вона могла висловлювати свої почуття.

Дитячий мозок

Пояснюючи розвиток дитячого мозку, чимало науковців порівнюють його з будинком у процесі зведення. За допомогою цієї аналогії поміркуйте, як цей неймовірний орган, з усіма його базовими та надскладними рівнями, допомагає вашій дитині сформуватися.

Коли немовля народжується, його мозок уже має основні зовнішні елементи (стіни та двері будинку), а також запас матеріалів для видовищного доведення його до ладу та «прокладки комунікацій» — понад 200 мільярдів клітин.

При народженні мозок вашого малюка також має готовий «фундамент» — примітивний, «нижчий мозок», який відповідає за базове виживання та роботу систем життєзабезпечення, а також за базові емоції, як-от гнів і страх. До низки структур головного мозку, які разом називаються лімбічною системою, входить амигдала — скупчення сірої речовини, що відповідає за сприйняття небезпеки, викликає реакцію «бийся або тікай» та відіграє ключову роль в обробленні емоцій.

Мірою зростання в мозку малюка добудовуються верхні поверхи. На цьому етапі відбуватимуться більш витончені операції з вищого мислення у корі головного мозку — зовнішній та найбільш еволюційно молодій його частині.

Лобові частки кори головного мозку відповідають за основну частину нашого інтелекту, раціональне мислення, ухвалення рішень та планування.

На початку життя, до семи років, цей «верхній поверх» постійно добудовується. З часом, завдяки накопиченню дитиною різного досвіду та взаємодій, нижня та верхня частини поєднуються і починають працювати разом — ніби між поверхами нарешті поставили сходи. Це означає, що поступово ваш малюк дедалі краще контролюватиме свої емоції та імпульси, які зароджуються на нижньому поверсі, та навчиться їх притишувати.

Чим важливий зв'язок між лівою та правою півкулями

У дитинстві активні будівельні роботи провадяться ще на одній ділянці: подібно до будівлі із симетричним фасадом мозок вашого малюка має ліву та праву частини. Дві півкулі мозку працюють по-різному, але обидві

66 99

«У ДЕЯКІ ПЕРІОДИ РОЗВИТКУ В МОЗКУ УТВОРЮЄТЬСЯ 250000 НЕЙРОНІВ ЩОХВИЛИНИ».

> ❝❞
> **«ПОНАД МІЛЬЙОН НЕЙРОННИХ ЗВ'ЯЗКІВ ФОРМУЄТЬСЯ В МОЗКУ МАЛЮКА ЩОСЕКУНДИ — ТЕМП, НЕДОСЯЖНИЙ УПРОДОВЖ РЕШТИ ЖИТТЯ».**

відіграють важливу роль у здійсненні величезної кількості функцій.

У більшості людей ліва півкуля відповідає за логічне мислення та за формування мовлення й думок. Права півкуля фіксує емоції та розпізнає тонші вербальні та невербальні засоби комунікації. Дві половинки мозку з'єднано таким собі «коридором» — мозолистим тілом.

Основні будівельні роботи в цьому коридорі відбуваються у дворічному віці, хоча триватимуть до середини підліткового віку. Що більшим та ширшим стає коридор, то легше малому мати вільний доступ до обох півкуль свого мозку, тож він поступово набуватиме дедалі більшого контролю над власними почуттями.

Завершення «будівельних робіт»

«Дім» вашого малого набуде остаточного вигляду лише в дорослому віці — утім, все одно час від часу там відбуватиметься «ремонт». Звісно, на «поверхах» цього «будинку» розміщено чимало «кімнат», кожна з яких має певне призначення. Спостерігаючи, як взаємодіють різні частини мозку малюка, ви побачите, як він опановує власні емоції та розвиває здатність до більш ясного мислення.

Контрольні точки: 2–3 роки

Дізнайтеся можливості дітей у цьому віці, щоб краще їх розуміти та зчитувати їхню поведінку. Зазирніть у неймовірно мінливий світ, у якому дитина проходить крізь найбільш приголомшливі трансформації свого життя.

Мислення

Об'єм мозку сягає 80 % від дорослого у дворічному віці.

За мислення, емоції та пам'ять відповідають лобові частки кори головного мозку, які швидко розвиваються.

Навички розвиваються блискавично (приміром, засвоєння до восьми нових слів щодня) завдяки швидкому формуванню нейронних зв'язків.

Стрімко розвивається уява: діти дають імена й назви персонажам та предметам, що наповнюють їхній світ, та запам'ятовують їх. У цей час буде багато ігор із серії «уявімо, що...».

Зміцнення пам'яті означає, що дворічний малюк може проситися на гойдалку ще до того, як ви дійдете до майданчика. До трьох років малята вже радіють, зустрічаючи знайомих, та з нетерпінням чекають на свята.

Покращення навичок пригадування дає змогу дітям заздалегідь чекати на появу картинок на наступних сторінках улюблених книжок, які вони із задоволенням «перечитуватимуть» знов і знов.

Співвідношення

Шалений поступ у розвитку мовлення віддзеркалюється швидким розвитком навичок ходьби та бігу.

Діти розуміють більше слів, ніж можуть вимовляти. Приблизно у два роки словниковий запас дітей коливається від 50 до 200 слів.

Стрімке розширення словникового запасу означає, що до третього дня народження діти знають 1000—2000 слів.

Постійне коментування усього — результат новонабутої втіхи від здатності розмовляти. Діти описують свої дії під час гри чи вправ, пробуючи опанувати нові звуки.

Вимова дедалі покращується, але діти можуть, приміром, замінювати «к» на «т» («тубит» замість «кубик»). Приблизно половину їхніх слів складно зрозуміти.

Чіткіша вимова внаслідок покращення зв'язків між мозком та м'язами, що відповідають за мовлення. Отже, з наближенням трирічного віку майже все зі сказаного дитиною можна зрозуміти.

Почуття

Контроль над емоціями досі відстає, попри зростання контролю над тілом. Емоційна зрілість приходитиме мірою розвитку лімбічної системи (с. 26), а цей процес завершиться лише в дорослому віці.

«Емоційні гойдалки» часті, доки розвиваються механізми самоконтролю. Діти можуть за мить перейти від сміху до голосіння.

Дослідження нових здібностей: у цьому віці діти дуже часто проявлятимуть автономність вимогами «я сам/сама!».

Егоцентричність нормальна для дворічних дітей. Вони намагаються командувати, але вже потроху розуміють, що світ не обертається навколо них. Саме так починаються істерики.

Емоційні зриви поступово зійдуть нанівець до 3 років — адже мірою розширення словникового запасу дитина висловлюватиме почуття та розумітиме необхідність правил.

Емоційний інтелект розвивається: діти помічають, що інші люди також мають почуття та бажання.

Розуміння, як їхні дії впливають на батьків, приходить десь до трьох років — тож діти прагнуть порадувати своїх рідних, хоча досі мають сильний потяг до задоволення власних імпульсів.

Дії

Темп росту сповільнюється. Кінцівки подовжуються, і голова здається більш співмірною відносно тіла.

Покращення координації рухів є результатом стрімкого розвитку нервової системи. Жирок немовляти перетворюється на м'язи, і дитина у 2 роки стає значно сильнішою.

Ходьба і біг вирівнюються, зникає непевне розкачування з боку в бік на широко розставлених ногах.

Свобода руху тішить дітей, вони полюбляють збігти з пагорба чи раптово спинитися.

Покращується рівновага, тож діти можуть стрибати та ходити по прямій.

Сходи долаються легше, щойно діти починають по черзі ставити ноги на наступні сходинки.

Відпрацювання дрібніших рухів (як-от самостійно їсти ложкою) розвиває дрібну моторику; діти поступово контролюють дедалі більше м'язів.

Малювання: дворічні діти малюють лінії та нерівні кола, затиснувши олівця в кулачку. До трьох років чимало дітей уже триматимуть олівець щипковим хватом — між великим та вказівним пальцями.

« »

«НОВОНАБУТІ МОВЛЕННЄВІ ТА МОТОРНІ НАВИЧКИ ВІДКРИВАЮТЬ ДЛЯ ДИТИНИ МОЖЛИВІСТЬ ДОСЛІДЖУВАТИ СВІТ».

Контрольні точки: 4–5 років

Ваш малюк дедалі чіткіше усвідомлює своє місце у світі; він також випробовує межі власної незалежності. Починається період «чомучок», а ваші бесіди стають дедалі більш схожими на діалог. Це дозволяє вам краще бачити розвиток особистості.

Мислення

Об'єм мозку сягає 90 % від дорослого з наближенням п'ятиліття.

Зростають здатність до зосередження, планування та довготривала пам'ять — це відбувається завдяки розвитку нейронних зв'язків. Отже, діти можуть на довше зосереджуватися.

Покращується короткочасна пам'ять: частіше пригадуються люди та події з недавнього минулого. Утім, діти ще не дуже розуміють поняття «завтра» чи «наступного тижня». Потренувавшись, вони здатні запам'ятати свою адресу і телефонний номер.

З'являється здатність до порівняння. Діти цього віку здатні категоризувати людей та об'єкти, розуміти, чим вони відрізняються, і вдаватися до порівнянь, щоб описати ці відмінності.

Категоризація предметів (приміром, фруктів) може відбуватися і за кольором, і за розміром.

Розуміння складніших речень приводить до ускладнення мови дитини. Діти також розуміють кількарівневі вказівки, як-от «прибери іграшки, надягни піжаму й обери казку».

Співвідношення

Маючи в розпорядженні кілька тисяч слів, діти здатні до складніших діалогів.

Мова стає більш плавною (зростає контроль над ротом, язиком та голосовими зв'язками) та здебільшого добре зрозумілою, окрім випадків, коли діти засмучені або дуже збуджені. Діти також здатні змінювати тональність мовлення, приміром говорячи «більш дитячим» голосом до молодших дітей.

Частота та складність запитань про навколишній світ зростає разом зі словниковим запасом. Окрім того, діти здатні впевнено розповісти про себе на прохання дорослих.

Мірою кращого розуміння світу дітям видається кумедним порушення правил і планів. Вони вважають дуже смішними фарс, абсурд та жарти.

Дружні стосунки стають більш вагомими, адже діти розвивають колективну ідентичність у групах однолітків.

Вивчення правил соціальної взаємодії означає, що діти докладатимуть зусиль, щоб досягти компромісу зі значущими партнерами у грі.

Почуття

Переживання суперечних почуттів: тепер діти здатні відчувати більш ніж одну емоцію водночас, навіть якщо вони протилежні, — приміром, радість та смуток через народження молодшого братика.

Розвивається «теорія свідомості», себто діти розуміють, що інші люди мислять та почуваються інакше. Однак діти цього віку перевірятимуть цю теорію, вдаючись до брехні.

Відкриття нових обріїв може проявлятися як демонстративний непослух. Хоча діти досі потребують батьківського схвалення, вони перевіряють, наскільки строго насаджуватимуться правила.

Емпатія розвивається разом зі здатністю розуміти почуття інших. Дітям буде прикро за свою неправильну поведінку, і вони зрозуміють, якщо їхні вчинки когось засмутять.

Дітям подобається бути відповідальними, а тому вони прагнуть допомагати та брати на себе певні обов'язки. Вони часто гратимуть у «я працюю, як дорослий».

Розвивається логічне мислення, і діти пропонують власні способи розв'язання проблем.

Покращується самоконтроль, хоча імпульсивність ще є. Діти радше покажуть свій гнів за допомогою слів, а не дій.

Дії

Покращуються рівновага та координація рухів, тож діти цього віку виконують складніші рухи — перестрибують з ноги на ногу, ходять по тоненькій лінії.

Зростають швидкість та рухливість: діти швидше бігають, що дає їм змогу зриватися з місця та швидко спинятися, із силою бити м'яч та злітати сходами вгору.

Зростають сила м'язів та проворність, себто діти залізатимуть усюди — від драбин до дерев. Дрібна моторика досить розвинена, щоб вони могли самостійно вдягатися, — хоча шнурки і ґудзики досі даються складно.

Тримання олівця дорослим хватом є найтиповішим на цьому етапі. Ба більше, діти можуть перемальовувати кола, квадрати, трикутники та літери.

Малюнки стають більш деталізованими, адже розвиток дрібної моторики дає змогу зображувати дрібніші деталі. У людей на малюнках з'являються роти, носи та очі. Розмальовування стає охайнішим.

«ВАШ МАЛИЙ НАМАГАЄТЬСЯ ВПИСАТИСЯ В СОЦІАЛЬНІ ПРАВИЛА ТА ПОЧИНАЄ РОЗУМІТИ, ЯК ЙОГО ПОВЕДІНКА ВПЛИВАЄ НА ІНШИХ».

Контрольні точки: 6–7 років

Ви, найімовірніше, маєте досить чітке уявлення про характер своєї дитини, однак у її мозку досі багато змін. Розуміння цих змін допоможе вам підтримати її в прагненні незалежності, особливо поза межами дому.

Мислення

Мозок досягає розміру дорослого, а мислення стає більш структурованим та раціональним. Тепер між мисленням дитини і дорослого більше схожого, аніж відмінного.

Покращення логічного мислення дає дітям краще розуміння того, як влаштований світ, а також причинно-наслідкових зв'язків.

Більш тренований розум здатен усвідомлювати, що речі можуть бути складнішими, ніж здаються на перший погляд.

Зростає здатність до зосередження: діти здатні концентруватися на нових чи цікавих завданнях до пів години.

Бурхливо розвивається інтерес до читання, діти охоче читатимуть книжки зі складнішим сюжетом, а також читатимуть на самоті.

Добре сприйняття чисел: більшість семирічних дітей здатні до простих обчислень подумки. Плюс вони розуміють, який час показує годинник.

Співвідношення

Діти можуть сприймати іншу точку зору, розуміти, що інші люди мислять та почуваються інакше.

Покращуються навички дружби, адже діти користуються розумінням думок та почуттів інших, щоб подружитися. Водночас вони вчаться тактовності.

Думка однолітків стає більш значущою, ніж будь-коли. Дитина може хотіти одяг або іграшки «як у друзів».

Розуміння, що добре, а що погано, стає чіткішим; діти розуміють необхідність правил.

На зміну «уявімо, що...» приходять складніші рольові ігри; діти уявляють ситуації, які ще не сталися, як-от власне весілля.

Зростає змагальний дух: діти віддають перевагу іграм зі складнішими правилами та серйозніше ставляться до виграшу чи програшу.

Гра слів зачаровує дітей, адже тепер вони здатні розуміти подвійні смисли; зростає любов до жартів і словесних ігор.

Почуття

Краще опанування власних почуттів дає дітям змогу виправдовувати надії дорослих (зокрема вчителів) щодо їхньої поведінки.

Може з'явитись прагнення приватності, щойно діти зрозуміють, що не обов'язково ділитися своїми думками. Це стосується й тілесності: зрозумівши, що їхнє тіло відрізняється від вашого та тіл інших людей, діти жадатимуть більшої приватності, зачинятимуться в туалеті та волітимуть перевдягатися самостійно.

Більш зрілий механізм утворення спогадів, адже префронтальна кора, яка відповідає за здатність зосереджуватися та довготривалу пам'ять, достатньо розвинена.

Стає доступним планування, оскільки мислення вищого порядку дозволяє дітям краще уявляти майбутнє та планувати наперед.

Набуття навичок стає усвідомленим, адже діти хочуть опановувати нові вміння, щоб почуватися впевненіше.

Порівняння себе з іншими: почавши помічати відмінності, діти порівнюють свої здібності з іншими, тож у цьому віці з'являються перші самокритичні думки.

Дії

Зростання незалежності означає, що більшість дітей зможе самостійно купатися, вдягатися та ходити до туалету.

Відпрацювання фізичних навичок починається, щойно опановано основні рухи загальної та дрібної моторики. Діти охоче відпрацьовуватимуть рухи до досконалості, і тому це сприятливий момент, щоб опановувати музичний інструмент чи розвивати творчі здібності.

Зростання сили та витривалості означає здатність до досягнень — у гімнастиці, танцях, плаванні, спортивних іграх тощо.

Діти пишаються своїми здібностями, розуміють, що треба зробити для їх покращення та як їх проявити.

«У ВАШІЙ ДИТИНІ, ГОВІРКІЙ І ВПЕВНЕНІЙ У СОБІ, УЖЕ МОЖНА РОЗДИВИТИСЯ ДОРОСЛУ ЛЮДИНУ, ЯКОЮ ВОНА СТАНЕ».

РОЗДІЛ 3

2—3
роки

«Це моє!»

Ближче до 2 років слово «моє», здається, є одним з найулюбленіших для вашої дитини. Однак це не означає, що малюк ніколи не ділитиметься. Просто на ранньому етапі він більше зосереджений на власних бажаннях, і дорослі ще мають навчити його щедрості.

Ситуація | Ваш малюк відмовляється поділитися із приятелем іграшковим динозавром.

ВІН КАЖЕ:

«Це моє!»

ВИ МОЖЕТЕ ПОДУМАТИ:

«Подруга вирішить, що мій син скупий і нечемний».

Перебуваючи вдома, ваш малюк ревно захищатиме свою територію; він хоче мати контроль над своїми речами та своїм простором. Діти цього віку імпульсивні — тож він не думатиме, що станеться, коли він відбере свого динозаврика. Коли малому кажуть віддати іграшку іншій дитині, він вважає, що це назавжди.

Буває ніяково, що малий грубо забирає свою іграшку, коли його маленький гість намагається її взяти. Але те, що він не хоче ділитися іграшкою, не означає, що ви погано його виховуєте. Можете кривити губи, але таке «перетягування іграшок» — необхідний етап навчання того, як ділитися з іншими.

«РОЗВИТОК УМІННЯ ДІЛИТИСЯ ПЕРЕДУЄ РОЗВИТКУ НАВИЧОК МОВЛЕННЯ, ІГОР, ПОШУКУ КОМПРОМІСУ, РОЗВ'ЯЗАННЯ КОНФЛІКТІВ І РОЗУМІННЯ ПОЧУТТІВ ІНШИХ ЛЮДЕЙ».

ВІН ДУМАЄ:

«Я тут живу, тут усе моє».

На цьому егоцентричному етапі ваш малюк лише починає опановувати концепцію власності, а тому зарано очікувати, що він ділитиметься тим, що йому належить: надто коли він сам тільки нещодавно усвідомив, що певні речі належать йому. Вже можна розвивати в нього цю навичку — але йому знадобиться ще рік чи два, щоб охоче ділитися з іншими.

ЯК РЕАГУВАТИ

Негайно:

Не наполягайте. Не можна змушувати ділитися: дослідження показують, що діти цього віку діляться менш охоче, якщо не давати їм вибору. Забравши іграшку як покарання, ви лише посилите тривожність (інші люди можуть відбирати його речі) та власницькі пориви. Запропонуйте бавитися по черзі — на це маленькі діти погоджуються охочіше. Заспівайте коротеньку пісеньку, доки малюк чекає, та поверніть іграшку, коли пісенька скінчиться.

Розповідайте про почуття інших. Ваш малюк поділиться з більшою охотою, коли ви поясните, як може почуватися його маленький гість. Можна сказати: «Іванко зрадіє, якщо ти даси йому погратися з паном Рексом», або ж: «Іванко засмутився, коли ти вирвав пана Рекса з його рук».

Заохочуйте ділитися. Підкреслюйте, який він молодець, щоразу коли малюк ділиться з вами, — тоді він з більшою вірогідністю поділиться наступного разу.

На майбутнє:

Подавайте приклад. Попросіть щось в іншої людини, коли малюк спостерігає. Поверніть річ за кілька хвилин, подякувавши. Використовуйте кожну нагоду, як-от розділити тістечко чи грати у щось по черзі.

ПЕРЕГЛЯНЬТЕ ПОВ'ЯЗАНІ ТЕМИ

Ні! Ні! Ні! с. 40–41
Одне тобі, одне мені, с. 82–83

«Я сама!»

Ваш малюк перетворюється з безпорадного немовляти на дитину, яка хоче самостійності. Це бажання природне, хоча й потребує купи часу та створює неабиякий безлад.

Ситуація | Дитина наполягає, що сама наллє собі соку, і рясно поливає скатертину.

ВОНА КАЖЕ:

«Я сама!»

ВИ МОЖЕТЕ ПОДУМАТИ:

«Вона замала для цього. Чому вона не хоче моєї допомоги?»

У перші роки життя донька цілком залежала від вас. Зараз вона розуміє, що вона — особа, відокремлена від батьків. Вона хоче проявити трішки самостійності та повправлятися у тому, що зазвичай робили для неї дорослі.

Природно відчувати смуток через те, що немовлячий вік лишився позаду, — але гордість за свою дитину, яка пробує щось робити і в якої це виходить, стане новим джерелом втіхи. Інколи буде тяжко втриматися й не втрутитися, але можливість зробити щось самостійно зміцнить впевненість маляти в собі.

«ДОЗВОЛЯЮЧИ ДІТЯМ ДІЯТИ САМОСТІЙНО, ВИ ДОПОМОЖЕТЕ ЇМ ОПАНУВАТИ НЕОБХІДНІ НАВИЧКИ».

ВОНА ДУМАЄ:

«Ну то й що, що розливається, – я не здамся й не попрошу дорослих про допомогу».

Опанування нових навичок дає дитині відчуття здібності. Безлад, створений у процесі, не має значення порівняно з можливістю гордо показати вам, чого вона навчилася. Утім, вона може й дратуватися під час перших спроб.

Негайно:

Не поспішайте втручатися. Опирайтеся спокусі зробити все самостійно, щоб зекономити час. Регулярні втручання підривають впевненість дитини в своїй здатності впоратися самостійно.

Нехай спробує ще. Навіть якщо перша спроба зазнає повного краху, дозвольте дитині спробувати знову: так вона навчиться розв'язувати проблеми.

Уникайте міряння авторитетом. Якщо немає ризику, поважайте прагнення дитини бути сама собі головою. Даючи їй виявляти свою самостійність у прийнятний спосіб, ви водночас зробите її більш впевненою і спокійною.

На майбутнє:

Цінуйте допомогу дитини. У цьому віці діти хочуть допомагати. Тож якщо ваша дитина хоче сама віднести свою тарілку до мийки чи допомогти принести покупки додому — дайте їй таку можливість та похваліть за старання.

Спростіть задачу. Діти у своєму прагненні самостійності часто беруться до того, що їм не під силу. Допоможіть відпрацювати навички з меншими зусиллями. Наприклад, малій буде легше розливати сік у склянки з маленького глечика, аніж з тяжкого тетрапака. Наступного разу запропонуйте притримати її склянку, поки вона наливатиме.

ПЕРЕГЛЯНЬТЕ ПОВ'ЯЗАНІ ТЕМИ

Тату, сідай сюди! с. 48—49
А це для чого? с. 80—81

Ні, ні, ні!

Десь у 2 роки ваша дитина, імовірно, почне вередувати. Хоча такі прояви характеру можуть бути бурхливими та неприємними, це природний етап розвитку. Ваш малий реагує на ситуацію в найкращий відомий йому спосіб, а вам лишається пильнувати той момент, коли пора втрутитися й допомогти.

Ситуація | **Треба швиденько збігати до магазину, але малюк вередує.**

ВІН КАЖЕ:

«Ні! Ні! Ні!»

Істерики трапляються, коли інтенсивність вражень, відчуттів та емоцій зависока (і дитина не знає, як із цим впоратися) або коли малюк розчарований (йому не дають отримати чи зробити те, що йому хочеться). У будь-якому разі, вищі відділи мозку ще недостатньо розвинені, щоб він міг опанувати сильні почуття в інший спосіб.

ПЕРЕГЛЯНЬТЕ ПОВ'ЯЗАНІ ТЕМИ

Не буду овочі! с. 42–43
А я хочу зараз! с. 66–67

ВИ МОЖЕТЕ ПОДУМАТИ:

«Чому він неодмінно ускладнює такі прості речі? Я не знаю, що робити».

ВІН ДУМАЄ:

«Я не хочу йти! Хочу лишатися тут і бавитися!»

Перша істерика дитини може вас шокувати й навіть налякати; вам також може бути ніяково, якщо вона трапиться серед людей. Коли здається, що будь-які ваші прохання зустрічають відмовою, це може дратувати. Однак подібні зриви — не виклик вам: малюк просто ще не здатен висловлювати свої почуття.

Чи ваш малюк розчарований, чи занадто збуджений — його зриви ускладнюються тим, що він не може до ладу описати свої почуття словами. Істерика — це єдиний зрозумілий для нього спосіб реагування на ситуацію. З часом і за вашої допомоги такі зриви лишаться у минулому.

ЯК РЕАГУВАТИ

Негайно:

Безпека — передусім. Подбайте, щоб малюк не поранив себе, інших та нічого не зламав. Можливо, знадобиться розчистити місце чи перенести його кудись.

Будьте поруч і зберігайте спокій. Залишайтеся поблизу, але не намагайтеся вмовляти чи встановлювати візуальний контакт з малюком. Якщо ви зберігатимете спокій — йому буде простіше відновити власний.

Полегшуйте відновлення рівноваги. Коли малюк поволі заспокоюється чи шукає у вас розради — заспокойте м'яким голосом та ніжним дотиком.

На майбутнє:

Встановіть розумні межі, щоб істерики не перетворилися на важіль впливу дитини на вас для задоволення своїх забаганок.

Передбачуваність і відчуття контролю. Пропонуючи кілька варіантів на вибір та попереджаючи про перехід до нових занять заздалегідь, ви зможете уникнути істерик.

«Не буду овочі!»

Коли ви віднімаєте дитину від грудей, вона, найімовірніше, охоче поглинатиме більшість продуктів, які ви їй даєте. Але у віці близько 2 років вона буде випробовувати свою самостійність та може відмовлятися їсти деякі із запропонованих продуктів.

Ситуація │ Ваша дитина бавиться з продуктами замість їсти.

ВОНА КАЖЕ:

«Не буду овочі!»

Дитина має природню не довіру до нових продуктів; до того ж її смакові рецептори неймовірно чутливі, а тому деякі продукти можуть видаватися неприємними на смак. Деякі овочі мають надто сильний присмак для її чутливих рецепторів.

❝ ❞

«ЗРОЗУМІВШИ, ЩО ЗА ОБІДОМ МОЖНА ПОГОВОРИТИ Й СПРОБУВАТИ ЩОСЬ НОВЕ, ДІТИ ОТРИМУЮТЬ ПОЗИТИВНІ АСОЦІАЦІЇ З ЇЖЕЮ».

ВИ МОЖЕТЕ ПОДУМАТИ:

«Стільки часу згаяно на приготування! Вона недоїдає, я погано її годую».

Оскільки ми часто пов'язуємо їжу з проявом любові, нам може здаватися, що, відмовляючись від їжі, маля відмовляється від нас — надто коли ви щось готували спеціально для нього. Спробуйте не перейматися невдачею за обіднім столом; дитина отримає достатньо поживних речовин упродовж дня.

ВОНА ДУМАЄ:

*«Командувати
за столом — це чудово!
А мама так смішно
прибирає їжу,
яку я розкидаю!»*

Ваша дитина перебуває на дуже чуттєвому етапі розвитку; вона досліджує руками нові текстури (їжа — не виняток), а також сама ухвалює рішення, коли їсть самостійно. Вона може захотіти пом'яти їжу пальцями, перш ніж з'їсти. Також діти бавляться їжею, бо вони — маленькі дослідники. Кидаючи їжу на підлогу, вони дивляться, як працює сила земного тяжіння.

ЯК РЕАГУВАТИ

Негайно:

Зменшуйте порції. Повна миска їжі може лякати, тож накладайте потроху та пропонуйте добавку. Попросіть дитину спробувати усього потроху — але довіряйте її відчуттю ситості. Ніколи не змушуйте доїдати через силу!

Поїжте разом. Навіть якщо збиралися їсти пізніше — сядьте разом з малям та поїжте трохи його їжі. Воно їстиме з більшим задоволенням, побачивши, що ви їсте ту саму страву.

Не загострюйте увагу. Не варто особливо нахвалювати дитину за те, що вона їсть овочі. Взагалі, стадія привчання до овочів мине швидше, якщо ви не будете наполягати і дратуватися. Дослідження показують, що діти охочіше їдять овочі, коли батьки не загострюють на цьому увагу.

Уникайте підкупу. Не давайте ласощі для заохочення та не погрожуйте позбавити ласощів, доки дитина не з'їсть овочі, інакше ви наведете її на думку, що їсти овочі — то кара.

На майбутнє:

Пробуйте знов і знов. Дослідження показують, що малятам потрібно до 15 підходів, аби «розпробувати» новий продукт. Продовжуйте пропонувати цей продукт разом із тими, які дитина охоче їсть.

▸ ПЕРЕГЛЯНЬТЕ ПОВ'ЯЗАНІ ТЕМИ ◂

Ні! Ні! Ні! с. 40—41
Ну ще одненьку! с. 58—59

У кафе та ресторані

Вибратися до кафе чи ресторану — чудова можливість відволіктися від рутини приготування їжі та прибирання кухні. До того ж у ресторанах та кафе діти можуть потренувати свої соціальні навички та зрозуміти, як поводитися в різних ситуаціях.

Оскільки готуєте не ви, похід до кафе може стати чудовою нагодою розслабитися, побути з родиною та поговорити зі своїм малям (у нього буде відчуття значущості).

Залученість

Похід до ресторану може заощадити час, однак стати стресовим досвідом, адже дитина може крутитися та галасувати.

Насправді для дитини це чимале звершення — їсти в закладі харчування і сидіти там спокійно, «як доросла», довші проміжки часу. Поради на сторінці праворуч допоможуть вам спростити цю ситуацію.

Нехай ваші очікування будуть реалістичними, а похід до кафе чи ресторану — чудовою нагодою насолодитися трапезою та зосередитися на дитині.

1

Пошукайте заклади, дружні до сімей з дітьми. Розпочніть із сімейних ресторанів чи з кафе, у яких і так досить шумно, а також з тих, що мають дитяче меню та більш привітний персонал.

4

Приберіть зі столу зайве. Нові предмети викликатимуть цікавість дитини. Попросіть офіціанта прибрати з вашого столу пакетики цукру, склянки та приправи, які можна схопити, розлити та впустити.

6

Оберіть вдалий час. Якщо ваша дитина ще зовсім мала, хай поспить перед походом до кафе; обирайте години, коли відвідувачів менше й персонал зможе приділити вам більше часу

9

Ретельно обирайте столик. Оберіть столик у дальньому кутку чи окрему кабінку — так ви не будете на видноті, якщо дитина перезбудиться.

10 основних принципів

2

Проговоріть правила. Перед виходом поясніть малюкові, що, як і вдома, він має сидіти за столом на стільці, наслідувати дорослих, бути чемним та притишувати голос.

3

Приділяйте увагу одразу. Пограйте чи поговоріть з дитиною, не чекаючи, поки вона знудиться й завередує. Ігри на кшталт «вгадай, що я бачу» допоможуть малюкові краще розуміти, що відбувається довкола.

5

Замовляйте по одній страві. Якщо ваш малюк непосидючий і не може всидіти у своєму кріселку довше за 20 хвилин поспіль, не очікуйте, що він витримає цілий обід. Розпочніть із замовлення однієї страви.

7

Заохочуйте чемність. Хваліть малюка за все, що він робить правильно, — як-от жує із закритим роком чи використовує серветку, щоб не забруднити одяг, — аби він і надалі так робив.

8

Телефон — не засіб заспокоєння. Так, ви матимете трохи тиші, але малий може вирішити, що можна щоразу вимагати телефон в обмін на тишу. До того ж асоціюватиме їжу з ґаджетами.

10

Показуйте приклад поведінки за столом. Найкращий спосіб навчити малюка добрих манер за столом — власний приклад. Намагайтеся їсти разом якомога частіше. Майте терпіння: з часом дитина навчиться чемності й походи до закладів харчування стануть приємним сімейним дозвіллям.

За віком

2—3
РОКИ

Навчайте граючись
Гра «у кафе» вдома допоможе дітям зрозуміти роботу закладів харчування.

Знайдіть помічника
Краще, коли дорослих буде декілька: можна прогулятися, якщо маля вередуватиме. Після цього поверніться до трапези чи попросіть рахунок.

4—5
РОКІВ

Нові смаки
Краще замовляти улюблені страви малюка, але заохочуйте його скуштувати щось нове з вашої тарілки, перетворюючи це на гру.

Столове приладдя
Більшість дітей уже мають достатню координацію, щоб тримати ніж. Дайте малюкові можливість поїсти «як дорослий».

6—7
РОКІВ

«Я буду»...
Діти цього віку досить впевнено говорять до незнайомих дорослих, тож дайте дитині замовити страви для себе та опанувати нову навичку.

Навчайте ґречності
Поясніть важливість казати офіціантові «дякую» та «будь ласка».

«Хочу синє горня! Ні, жовте! Ні, синє!»

На цьому етапі ваша дитина розуміє, що вона має вибір, — і поспішає скористатися з цього. Але визначатися, коли є варіанти, для малюка новина. Він поки що імпульсивний, але має звикнути до думки, що ухвалені ним рішення впливатимуть на його подальше життя.

Ситуація | Ваше маля не може вирішити, яке горня взяти з собою до автівки.

ВОНА КАЖЕ:

«Хочу синє горня! Ні, жовте! Ні, синє!»

ВИ МОЖЕТЕ ПОДУМАТИ:

«Та скільки ж можна? Чому вона не може визначитися? Треба було мені самій обрати».

Маючи змогу обирати собі речі, ваша дитина почувається дорослою. Однак у цьому віці вона ще не знає, який із варіантів кращий. Вона не вередує, такі вагання природні. Їй потрібно зрозуміти, що будь-який вибір буде правильним.

Навіть дорослим буває складно ухвалювати рішення, а ваша дитина тільки вчиться це робити. Її роздуми можуть видатися вам задовгими, але опирайтеся спокусі поквапитися й вирішити за неї. Вона винагородить вашу терплячість, покращуючи свої навички ухвалювання рішень.

◆ ПЕРЕГЛЯНЬТЕ ПОВ'ЯЗАНІ ТЕМИ ◆

Не вдягну! с. 50–51
Ну ще трішечки! с. 68–69

ВОНА ДУМАЄ:

«Я не знаю, котре з горнят мене більше потішить».

Мати стільки варіантів і зважувати всі «за» і «проти» — хай це їжа, іграшки чи дитячі горнятка — може бути приголомшливим. Процес ухвалення рішення ускладнюється, якщо маля у стресі чи втомлене. Коли дитина хвилюється (приміром, перед першим днем у дитсадку), їй складніше ухвалити рішення.

ЯК РЕАГУВАТИ

Негайно:

Навчіть дитину потрібних слів. «Обрати», «більше до душі», «більше до вподоби» тощо допоможуть їй описати, що вона відчуває, ухвалюючи рішення.

Розгляньте варіанти у контексті. Ситуацій, де вибір буде правильним або неправильним, не так уже й багато. Поясніть, що, навіть коли дитина не отримає бажаного результату, вона вчитиметься на помилках.

Похваліть вибір дитини. Коли вона нарешті ухвалить рішення, яке далося нелегко, — зміцніть її впевненість у собі, похваливши вибір.

На майбутнє:

Звузьте вибір. Забагато варіантів можуть приголомшити маля. Зазвичай краще запропонувати лише два варіанти, надто коли ви поспішаєте.

Покажіть, як ухвалюєте рішення ви. Проговорюйте вголос рішення, які ви ухвалюєте протягом дня: надягти джинси чи шорти, приготувати печену картоплю чи макарони. Хай дитина послухає, як ви зважуєте «за» і «проти».

«Тату, сідай тут!»

Діти живуть у світі, де дорослі постійно кажуть їм,
що робити. Навчившись чіткіше говорити, ваш малюк спробує
й сам роздавати вказівки.

Ситуація | **За сімейним столом ваш малюк вказує на стілець і хоче, щоб ви там сіли.**

ВІН КАЖЕ:

«Тату, сідай тут!»

ВИ МОЖЕТЕ ПОДУМАТИ:

«Агов, хіба не я тут за головного?»

Ваш малюк вірить, що світ обертається довкола нього. До того ж розвиток його мовлення вже дає йому змогу складати речення з трьох слів — а отже, він може роздавати вказівки. Це дає йому можливість спробувати висловити свої бажання й подивитися, чи ви хоч колись зробите так, як скаже він.

«Диктаторські замашки» малюка можуть видатися кумедними чи милими, але вас може хвилювати, чи не перетвориться він на мінітирана, якщо ви піддастеся. Можете бути певні, що це прояв зростання впевненості у собі та розвиток навичок мовлення.

« »

«СПРИЙМАЙТЕ БАЖАННЯ КОМАНДУВАТИ ЯК ПРОЯВ ПОКРАЩЕННЯ МОВЛЕННЄВИХ НАВИЧОК СВОГО МАЛЮКА, А ТАКОЖ ПОТРЕБИ В ПЕРЕДБАЧУВАНОСТІ ЙОГО СВІТУ».

ВІН ДУМАЄ:

«Хочу, щоб було як завжди — мені так спокійніше».

Світ може видатися великим і страшним, коли малюк почне розуміти своє місце в ньому. Передбачуваність дає відчуття безпеки, а тому малий може наполягати на дотриманні певних ритуалів — наприклад, за столом, — адже навіть перехід від однієї діяльності до іншої вже потребує чималих зусиль.

ЯК РЕАГУВАТИ

Негайно:

Покажіть, що почули малюка. Хоча остаточне рішення буде за вами, приділіть увагу та зважте його пропозицію: нехай малюк знає, що його почули. Якщо вам потрібно сісти на інше місце, поясніть: «Ти вже так добре говориш, і я розумію, що тобі хочеться, аби я сидів тут, — але сьогодні я сяду отам, щоб допомагати мамі носити страви».

Легкість — понад усе. З гумором розрядіть ситуацію. Перепитайте: «Що, дійсно хочеш, аби я сів просто тут?» — і сядьте на підлогу, де стояли. Навіть малюк зрозуміє абсурдність ситуації, і сміх допоможе йому перемкнути увагу.

На майбутнє:

Це не протистояння. Не забувайте, що це просто стадія розвитку. Мовленнєві та соціальні навички вашого малюка досі потребують доопрацювання; він ще не знає, як бути ґречним. Він тільки пізнає, що почуття й думки інших людей відрізняються від його власних.

Покажіть, як просити чемно. Малюк навчиться казати «дякую» й «будь ласка», якщо ви самі так казатимете, звертаючись до нього.

Хваліть за поступливість. Коли малюк роздає вказівки, а потім погоджується з існуванням інших варіантів — похваліть його за здатність до компромісу.

◀ ПЕРЕГЛЯНЬТЕ ПОВ'ЯЗАНІ ТЕМИ ▶

Не буду овочі! с. 42—43
Вона мені не подобається! с. 60—61

«Не вдягну!»

Навчившись вдягатися самостійно та прагнучи самостійності, діти почуваються впевненіше, коли мають змогу особисто обирати одяг. Утім, буває непросто розібратися, коли слід прийняти вибір дитини, а коли наполягти на своєму.

Ситуація | **Ви збираєтеся до парку, надворі холодно, але дитина відмовляється надягати куртку.**

ВОНА КАЖЕ:

«Не вдягну!»

ВИ МОЖЕТЕ ПОДУМАТИ:

«Навіть без цих примх вийти з дому досить непросто. До того ж надворі холодно!»

Оскільки навіть коротенький вихід до парку супроводжується тривалими зборами, дитину дратує виникнення нових перешкод на шляху до дверей. Відмова малюка надягати куртку — це не зазіхання на ваш авторитет, але необхідний етап відстоювання самостійності.

Вас може непокоїти, що дитина застудиться або що інші вважатимуть вас поганою матір'ю. Втім, варто врахувати, що діти інакше відчувають температуру: в них менша площа шкірного покрову й швидший метаболізм; до того ж вони рухливіші за дорослих. Не переймайтеся надміру.

" "

«ПОЧНІТЬ ЗБИРАТИСЯ ТРОХИ ЗАЗДАЛЕГІДЬ — НА ВИПАДОК, ЯКЩО МАЛЮКОВІ ЗАХОЧЕТЬСЯ ПРОЯВИТИ САМОСТІЙНІСТЬ».

ВОНА ДУМАЄ:

«Не люблю, коли мене закутують. У цій куртці неможливо рухатися!»

Як і дорослі, діти мають улюблений одяг, який обирають переважно за зручність та легкість руху. Деякі куртки обмежують рух, а певні матеріали можуть бути кусючими чи іншим чином неприємними на дотик до ніжної шкіри малюка.

ПЕРЕГЛЯНЬТЕ ПОВ'ЯЗАНІ ТЕМИ

Я сама! с. 38—39
Ні! Ні! Ні! с. 40—41

ЯК РЕАГУВАТИ

Негайно:

Зберігайте спокій. Замість кричати присядьте біля дитини та говоріть м'яко. Якщо ви роздратовані, це обернеться протистоянням.

Визнайте почуття дитини. Скажіть: «Бачу, сьогодні тобі складно. Допомогти тобі обрати одяг?» Давши вибір, ви допоможете розслабитися. Можна запропонувати обрати з двох курток.

Дайте дитині відчути наслідки. Коли це безпечно, дайте дитині відчути, як це — змерзнути. Але обов"язково візьміть із собою куртку або (зважаючи, що голова та шия найбільше втрачають тепло) шапку й шарф — вони можуть знадобитися.

На майбутнє:

Пообіцяйте дати дитині вибір пізніше.
У сильні холоди пообіцяйте дати дитині вибір наступного разу, пояснивши, що сьогодні доведеться вдягтися дуже тепло. Будьте гнучкішими, коли це не принципово (наприклад, дайте дитині обрати піжаму перед сном). Так ви встановите кордони, водночас даючи маляті вибір.

Обирайте зручний одяг. Перш ніж купити нову річ, спершу поміряйте її на дитину та подивіться, чи їй зручно. Вживаний одяг буде доречним: від частого прання він стає м'якшим та зручнішим. Хороший вибір — трикотажні речі, котрі дитина сама зможе надягати через голову. Відріжте усі бірочки — вони можуть подразнювати шкіру.

«Мамо, не йди!»

Інстинкти підказують вашому малюкові, що його виживання залежить від близькості до матері. Коли ви на певний час залишите його (не важливо, з ким), це провокує страх розлуки з вами та засмучує вас обох.

Ситуація | Бабуся прийшла доглянути малого, доки ви сходите до спортзалу, але малюк чіпляється за вас біля дверей.

ВІН КАЖЕ:

«Мамо, не йди!»

ВИ МОЖЕТЕ ПОДУМАТИ:

«Я ж іду лише на годинку! Я почуваюся винною, коли він так мене благає».

Ніщо не замінить любов і турботу матері. Хоча у цьому віці малюк уже розуміє, що ви продовжуєте існувати, коли він вас не бачить, — він протестує, коли вам треба кудись піти: адже саме з вами він почувається найкраще та найбезпечніше.

Вас може охопити почуття провини — мовляв, слід лишитися вдома замість іти до спортзалу. Малюк дуже добре зчитує ваші емоції, тож нервує, якщо ви засмучені й постійно до нього заглядаєте.

"

«РЕГУЛЯРНО ЛИШАЮЧИ МАЛОГО З ІНШИМИ ЛЮДЬМИ, ВИ ПОСТУПОВО ПРИВЧИТЕ ЙОГО ПОЧУВАТИСЯ ЗРУЧНО, КОЛИ ВАС НЕМАЄ».

ВІН ДУМАЄ:

«Коли мама йде, я почуваюся непевно. Хочу, щоб вона завжди лишалася тут!»

Реакція вашого малюка залежить від його чутливості до змін і від того, які асоціації він має з досвіду, коли лишався без вас. Він звик переважно бути вдома, з мамою чи татом, тому ще дужче чіпляється за батьків — через страх лишитися без вас.

ПЕРЕГЛЯНЬТЕ ПОВ'ЯЗАНІ ТЕМИ

Вона мені не подобається! с. 60—61
Хочу тата, а не маму! с. 72—73

ЯК РЕАГУВАТИ

Негайно:

Проявіть впевненість у людині, яка піклуватиметься про малюка. Малий наслідуватиме вас, тож поводьтеся впевнено, усміхніться та заохочуйте його поговорити з бабусею про те, які ігри обоє люблять та які цікаві речі робитимуть разом (цей підхід спрацює і з вихователькою в дитсадку).

Відволікайте. Допоможіть малюкові швиденько перемкнути увагу зі смутку на щось інше. Приміром, попросіть його поглянути довкола й обрати іграшки, якими він бавитиметься, та книжечки, які бабуся йому прочитає.

Уникайте тривалих прощань. Усміхніться малому, обійміть його і запевніть, що ви повернетеся після того, як він побавиться з бабусею. Таке прощання запевнить малюка, що з ним усе буде гаразд.

На майбутнє:

Розпочніть з коротких відлучок та подовжуйте їх поступово, щоб малюк мав час навчитися замозаспокоєння, самовладання та звикнути до того, що ви фізично не поряд. Ви обоє переконаєтеся, що можете бувати окремо, і з часом розставання стануть менш тривожними.

Зробіть розставання передбачуваними. Прощатися простіше, якщо ваш вихід щоразу буде спланованим та передбачуваним. Приміром, обійміть та двічі поцілуйте малюка, розкажіть, що ви робитимете разом, коли ви повернетеся (приміром, підете до парку).

Дитяча агресія

Прояви агресії між дітьми можуть нервувати батьків — але це нормальна стадія розвитку. Зазвичай діти переростають цей етап, навчившись самоконтролю та вдосконаливши своє мовлення — себто набувши інструментів, що дозволяють розв'язувати конфлікти без насильства.

У віці 2–3 років дитина може битися та кусатися, щоб показати своє роздратування, встановити домінування, випустити надлишок емоцій, відстояти власну позицію в боротьбі за іграшку — чи просто реагуючи на безвихідь. Укуси та удари руками, а також інші форми фізичного реагування (щипки, тупання ногами) зазвичай трапляються, коли вище мислення дитини ще розвивається і вона не може опиратися своїм імпульсивним поривам. Така поведінка може бентежити батьків, які відчувають провину за дії своєї дитини, а також непокояться, що це стане проблемою в садочку та що малюка перестануть запрошувати до ігор та у гості.

Розуміючи, що стоїть за фізичною агресією та як на неї реагувати, ви зможете навчити дитину розпізнавати свої почуття та давати їм раду.

❝ ❞

«АГРЕСИВНА ПОВЕДІНКА, ЯК-ОТ УДАРИ ЧИ УКУСИ, — ЦЕ ЕТАП, ЧЕРЕЗ ЯКИЙ ПРОЛЯГАЄ ШЛЯХ МАЛЕЧІ ДО САМОКОНТРОЛЮ».

1

Поставте себе на місце дитини. Уявіть, як ви реагували б, якби інший дорослий схопив вашу найціннішу річ, — і ви побачите, як нелегко буває дітям, які переважно покладаються на інстинкти утриматися від відплати в аналогічній ситуації.

4

Попросіть дитину подумати. Коли інцидент вичерпано, попросіть малюка розповісти, що він міг би зробити інакше. Це допоможе йому залучити логічне мислення та краще опанувати свою імпульсивність.

7

Зауважте інші чинники. Дитина може дратуватися, бо зголодніла, втомилася, приголомшена, з'їла забагато солодкого і тепер відчуває напруження, — але ще не вміє висловити свої почуття. Забезпечте їй рутину, якої вона дотримуватиметься, — і знизите ймовірність таких зривів.

ВАРТО СПРОБУВАТИ

8 основних принципів

2

Проявіть більше уваги до того, кого вдарили, ніж до того, хто вдарив. Спершу запитайте постраждалу дитину, чи з нею все гаразд. Це дасть вашому малюкові зрозуміти, що, коли він битиметься чи кусатиметься, увага дістанеться не йому.

3

Втручайтесь негайно. Якщо ваша дитина вдалася до насильства — її рефлекс «бийся або тікай» уже спрацював. Тож замість крику, який лише підніме рівень стресу, заберіть дитину із ситуації, встановіть зоровий контакт, скажіть: «Це неприйнятно. Ти можеш сердитися, але битися не можна».

5

Приділяйте позитивну увагу. Діти потребують уваги батьків. Якщо малюкові здається, що він її недоотримує, — він може вдатися, зокрема, до таких крайніх засобів, як удари та укуси, вважаючи, що краще мати негативну увагу батьків, аніж жодної.

6

Відзначайте добру поведінку. Візьміть за звичку відзначати випадки, коли маля проявляє доброту, ділиться та чемно грає з іншими дітьми: так воно знатиме, якої поведінки від нього очікують.

8

Запропонуйте альтернативи. Покажіть дитині, як можна вирішити ситуацію в інший спосіб. Наприклад, запропонуйте кілька разів глибоко вдихнути й видихнути, щойно вона відчує гнів; запропонуйте спокійно висловити своє невдоволення; звернутися по допомогу до когось із дорослих або пограти з кимось іншим.

АДАПТОВАНІ ПОРАДИ

За віком

2—3
РОКИ

Ніхто не читає думок
Малюк може не розуміти, чи варто казати іншим дітям, що йому подобається, а що ні. Покажіть йому, що це нормально — висловлювати свої бажання під час гри.

Випускайте енергію
Імовірність ударів та укусів зростає, якщо діти не мають змоги дати вихід своїй енергії через рухливі ігри.

4—5
РОКІВ

Система винагород
Якщо ваша дитина почала частіше битися, пішовши до садка, — заведіть їй табличку досягнень і ставте зірочки за кожен день, коли її руки комусь допомогли замість когось побити.

Відпрацюйте стратегії
Рольові ігри допоможуть розібрати конфліктні ситуації і дадуть дитині придумати альтернативні способи їх розв'язання.

6—7
РОКІВ

Додаткова допомога
Якщо до цього віку дитина не переросла агресію — пильнуйте її взаємодію з іншими дітьми: можливо, іноді їй потрібні підказки, як слід повестися.

Чи ця бійка — гра?
Хлопчики нерідко борються та влаштовують переверти, бавлячись — лишаючи батьків гадати, чи варто втрутитись. Утім, якщо усі сторони всміхаються — бійка, найімовірніше, незлоблива.

«Дай телефон!»

Смартфони зачаровують дітей кольоровими екранами, тож можна зрозуміти ваше бажання дати свій телефон малому, коли той дратується або нудьгує. Утім, найкраще для розвитку когнітивних і соціальних навичок малюка — обмежити екранний час від перших років життя.

Ситуація | Малий просить пограти на вашому телефоні, доки ви чекаєте на обід у кафе.

ВІН КАЖЕ:

«Дай телефон!»

Байдуже, чи ви самі «залипли» у смартфоні у той момент, чи ні, — діти схильні помічати, що дорослі проводять з ґаджетами чимало часу, і хочуть вас наслідувати. Телефон в очах малого — найкраща, високотехнологічна іграшка. Якщо ви дозволятимете йому бавитись телефоном — він звикне сприймати пристрій як необхідну забавку.

ПЕРЕГЛЯНЬТЕ ПОВ'ЯЗАНІ ТЕМИ

А я хочу зараз! с. 66—67
А це для чого? с. 80—81

ВИ МОЖЕТЕ ПОДУМАТИ:

«Мій телефон відволіче його, доки принесуть їжу. Якщо я відмовлю, він може влаштувати істерику».

Дуже спокусливо піддатися на вимоги малюка, щоб він не вередував. Це також може здатися чудовою нагодою виграти трохи часу для себе або ж навчити дитину користуватися додатками. Але, даючи телефон, ви показуєте малюкові, що ґаджети цікавіші за людей і що ви охоче заміните ними ваші час та увагу.

ВІН ДУМАЄ:

«Грати татковим телефоном цікаво, і картинки там гарні!»

Яскраві кольори та графіка, що реагує на торкання пальців, активізують механізми винагороди у мозку вашого малюка. Це миттєве підкріплення означає, що дитина радше гратиме з телефоном, аніж взаємодіятиме з реальним світом.

"

«МОЗОК ВАШОГО МАЛЮКА СТРІМКО РОСТЕ. НЕХАЙ ВІН РОЗВИВАЄТЬСЯ, ВЗАЄМОДІЮЧИ З ЛЮДЬМИ, А НЕ З ЕКРАНОМ».

ЯК РЕАГУВАТИ

Негайно:

Приберіть телефон з-перед очей. Показуйте здоровий приклад користування телефоном та якомога рідше перевіряйте соціальні мережі у присутності малого. Мозок дитини найкраще розвивається через особисту взаємодію.

Скажіть «ні». Дайте чітко зрозуміти, що ваш телефон — не забавка. Хоча він може творити дива, заспокоюючи роздратованого малюка, краще встановити чіткі правила для екранного часу якомога раніше.

Будьте в моменті. Ваш малюк переживає етап потужного когнітивного розвитку, тож покажіть йому, що довкола безліч цікавого, що можна розглядати та обговорювати. Замість споживання лише того, що показують екрани, залучайте дитину до розмов, ігор удвох, малювання: це дасть йому змогу потренувати важливі навички мовлення та моторики.

На майбутнє:

Не допускайте, щоб телефон перетворився на іграшку. Якщо ви щоразу даєте телефон, малюк не залучає власні ресурси, як-от уяву та цікавість до свого оточення.

Не думайте, що телефон зробить малюка розумнішим. Не існує жодного доказу, що якісь мобільні додатки покращують когнітивні здібності дитини цього віку; натомість чимало досліджень показують, що недостатні взаємодія і зв'язок з дорослими тягнуть за собою затримку в розвитку мовлення та соціальних навичок.

«Ну ще одненьке!»

Діти залюбки обирали б, що їм їсти, але в цьому віці вони ще не здатні опиратися своїм миттєвим бажанням. Обираючи, що їстиме, малюк починає формує власне ставлення до їжі, яке, своєю чергою, вплине на формування усталених звичок на все життя.

Ситуація | Ваше маля просить іще одне тістечко.

ВОНО КАЖЕ:

«Ну ще одненьке!»

Певна їжа смакує особливо добре, і тому від неї важко відмовитися. Поїдання солодощів для малечі потужний чуттєвий досвід. Потяг до солодкого закладено в дітях іще з народження — можливо, щоб вони не відмовлялися від продуктів із солодкуватим смаком, як-от материнське молоко, та, навпаки, уникали гіркуватих продуктів, які можуть бути отруйними.

◄ ПЕРЕГЛЯНЬТЕ ПОВ'ЯЗАНІ ТЕМИ ►

Ну будь ласочка! с. 70—71
Не можна малювати на стінах! с. 174—175

ВИ МОЖЕТЕ ПОДУМАТИ:

«Досить з неї ласощів! Якщо мала продовжить в тому ж дусі — боюся, вона стане гладкою».

ВОНА ДУМАЄ:

«Чому матуся не дозволяє з'їсти ще одненьке?»

Не варто боятися, що дитина так проявляє жадібність: їй просто подобається солодкий смак, і вона ще не розуміє, коли слід спинитися. Важливо сформувати у малюка спокійне та вільне від стресу ставлення до їжі. Ваші слова та дії сприяють такому навчанню.

Дитина не бачить причини припиняти їсти тістечка, якщо вони смачненькі. Вона ще не надто добре зчитує сигнали свого тіла про те, що вона спожила забагато цукру. Маля потребує підказок, щоб навчитися розпізнавати, коли вже досить.

ЯК РЕАГУВАТИ

Негайно:

Поясніть причину відмови. Поясніть малій, чому важливо споживати різноманітну їжу, щоб вирости здоровою та дужою.

Поясніть різницю між «голодом животика» та «голодом язика». Допоможіть дитині зрозуміти, чи вона хоче щось з'їсти, бо зголодніла, чи просто хоче відчути щось на смак. Поясніть, що це не те саме, щоб дитина навчилася розуміти сигнали свого тіла.

На майбутнє:

Не створюйте асоціацій між їжею та емоціями. Уникайте заохочення хорошої поведінки або заспокоєння засмученої дитини смаколиками, надто солодощами. Краще запропонуйте гру чи цікаву справу.

Купуйте продукти, яких не треба уникати. Надайте дитині вільний доступ до здорових перекусок. Якщо ж ви триматимете вдома смаколики з високим вмістом жирів та цукру, вона постійно їх проситиме.

Режим харчування. Складіть розклад харчування. Встановіть правило, що перекуски слід вживати за столом.

«Вона мені не подобається!»

Ваш малюк стає старшим, і тепер ви частіше залишаєте його під наглядом інших дорослих, зокрема нянь та вихователькок. Та він потребує часу на звикання до нових дорослих; він має довіряти їм.

Ситуація | Малий каже, що не хоче лишатися з нянею, — хоча вчора вони чудово порозумілися.

ВІН КАЖЕ:

«Вона мені не подобається!»

ВИ МОЖЕТЕ ПОДУМАТИ:

«Так незручно! Можливо, варто пошукати іншу няню».

Малий інстинктивно прив'язаний до вас і не довіряє чужим людям, адже саме ви, найвімовірніше, захищатимете його. Його також може непокоїти, що, пішовши кудись від нього, ви не повернетеся. З часом він звикне до того, що ви завжди повертаєтеся.

Якщо вас непокоїть, що слова дитини образять няню, ви можете шикнути на малюка чи сказати, що вам, навпаки, вона подобається. Він може протестувати проти інших потенційних нянь, що, можливо, розчарує та засмутить вас.

❝ ❞

«МАЛЮК ВВАЖАЄ ВАС ЗАПОРУКОЮ СВОЄЇ БЕЗПЕКИ; ВІН БУДЕ СМІЛИВІШИМ, ЯКЩО ПРО НЬОГО ТАКОЖ ДБАТИМУТЬ ІНШІ ЛЮДИ».

ВІН ДУМАЄ:

«Ця людина не розуміє мене так, як мама й тато!»

У такому віці для дітей нормально висловлювати свої вподобання та неприязнь, які змінюються щодня. Оскільки малюк лише починає розуміти, що інші люди теж мають почуття, він ще не усвідомлює, що його слова можуть когось образити. Якщо він не має реальних причин не любити свою няню, він, найімовірніше, має на увазі, що радше був би з вами, бо так почувається безпечніше.

◆ **ПЕРЕГЛЯНЬТЕ ПОВ'ЯЗАНІ ТЕМИ** ◆

Мамо, не йди! с. 52—53
Обійми мене! с. 90—91

ЯК РЕАГУВАТИ

Негайно:

Покажіть, що почули дитину. Відійдіть з малюком кудись, де няня вас не чутиме, — так усім буде комфортніше. Заохотьте малюка, підкресливши його сміливість, приміром: «Ти такий дужий хоробрий хлопчик, у тебе все вийде!», — а потім скажіть, що ви розумієте його труднощі у незвичній ситуації.

Підкріпіть впевненість у няні. Поясніть малому, що ви довіряєте цій няні і що вона добре про нього подбає.

Поясніть, що скоро повернетеся. Розкажіть, куди ви йдете і чи надовго, використовуючи за орієнтири регулярні події на кшталт «після обіду», «перед вечірнім чаєм». Запевніть, що ви з нетерпінням чекаєте на можливість пограти з ним після повернення в особливу гру.

На майбутнє:

Спробуйте зрозуміти причини дискомфорту дитини. З'ясуйте, чи заперечення зумовлені новою ситуацією й необхідністю розставання, чи з цією нянею малюк не почувається безпечно. Попрощайтеся й сховайтеся, щоб подивитися, чи він заспокоїться.

Дайте няні підказки. Повідомте няні якнайбільше інформації про малюка. Зверніть увагу на те, чи хоче няня дізнатися більше, щоб краще розуміти малого. Так, малюкові знадобиться час на звикання, але якщо він і далі протестує, намагається сховатися чи стає апатичним, можливо, варто переглянути домовленість з нянею.

Сором'язливість

Зазвичай сором'язливі діти приходять у цей світ більш чутливими, а тому їм важче сходитися з новими людьми. Утім, з часом вони навчаться освоюватися в незвичних ситуаціях.

Дослідження показують, що дитяча сором'язливість — це не проблема; сором'язливі діти — зазвичай добрі спостерігачі, яким просто треба більше часу на звикання до нових людей. Вчені з'ясували, що серця дітей, які після народження стають сором'язливими, навіть в утробі б'ються частіше. Ці 10—20 % дітей народжуються з більш збудливою нервовою системою і саме тому нервуються за нових обставин.

Немовлятами вони не поспішатимуть усміхатися незнайомцям, а ставши маленькими дітьми, нерішучі з новими людьми. Виявляється, у сором'язливих дітей «антена, що реагує на небезпеку» — амигдала — легше збуджується і провокує більш тривожні реакції. Сором'язливі діти часто виростають у вдумливих, емпатичних дорослих, які радше слухають, аніж говорять.

1

Не навішуйте ярликів. Якщо в новій обстановці дитина ховається за вами — не варто виправдовуватися, що вона «сором'язлива». Таке навішування ярликів створить враження, ніби це щось погане.

4

Скажіть дитині, що розумієте її зніяковіння. Замість силоміць витягати дитину з її мушлі, проявіть розуміння. Поясніть, що інколи знайомство з новими людьми та вливання у колектив потребує часу і практики; що вам також ніяково в незнайомій обстановці, але якщо почати спілкуватися — стане легше.

6

Заохочуйте дитину до тренувань. Поясніть, що навички покращуються з тренуваннями подібно до того, як м'язи стають сильнішими після фізичних вправ.

ВАРТО СПРОБУВАТИ

8 основних принципів

2

Перегляньте визначення сором'язливості. Уперше зустрічаючи вашу дитину, дорослі можуть називати її сором'язливою, щоб якось пояснити її замкненість. Заперечуйте проти такого визначення, підкреслюючи, що дитина не любить поспішати і воліє сперш вивчити нові обстановини.

3

Підготуйте дитину. Перспектива потрапити в нову обстановку (приміром, піти до садочка) викликатиме тривожність; буде простіше, коли маля знатиме, на що очікувати. Перед тим як віддати дитину до садочка чи взяти на велелюдний захід (весілля, вечірку), поговоріть з нею про те, що там відбуватиметься.

5

Навчіть основ знайомства. Сором'язливість — це лише бар'єр, який утруднює початок дружніх стосунків. Щоб навчити дитину обходити його, поясніть, як проявляти дружність до нових людей: усмішкою, мовою тіла, назвавши своє ім'я.

7

Імітаційні ігри. Сором'язливу дитину дуже непокоїть, що вона скаже або зробить щось не так. Допоможіть їй набути впевненості, розігруючи сценки з її іграшками, у яких персонажі знайомляться з новими людьми в дитсадку чи ходять на дні народження одне до одного.

8

Показуйте хороший приклад. Дзеркальні нейрони дитини допоможуть їй опанувати соціальні навички, спостерігаючи та копіюючи вашу поведінку. Давайте добрий приклад, проявляючи дружність до незнайомих людей, а також чемність та уважність до інших.

АДАПТОВАНІ ПОРАДИ

За віком

2–3
РОКИ

Надійний тил
Знайомлячи з кимось дитину, тримайте її на руках (чи на колінах), щоб дати змогу спостерігати за оточенням та звикнути до нього.

Сепарація без тривог
Скористайтеся порадами зі с. 52—53, щоб зменшити тривожність при розставанні.

4–5
РОКІВ

Практичні заняття
Не втрачайте нагоди потренувати соціальні навички малюка. Кличте дитину поговорити з родичами телефоном, просіть розрахуватися в магазині, а також заохочуйте казати «будь ласка» і «дякую» незнайомцям.

Обмін репліками
Відправляючи дитину до садочка, покажіть їй, як підтримувати дружню розмову, ставлячи зустрічні запитання та дізнаючись, як долучитися до ігор.

6–7
РОКІВ

Запрошуйте приходити бавитися до вас
Діти почуваються спокійніше й впевненіше з іншими дітьми у знайомій обстановці.

Слідкуйте за захопленнями дитини
Пошукайте справи, що базуватимуться на природній «іскрі» вашої дитини. Їй буде легше знайти спільну мову з людьми, з якими вона вже має чимало спільного.

«Пограймо! Я буду…»

У віці близько 2 років імітаційні ігри — ключова частина розвитку малюка: це дозволяє йому проявляти інтерес, розв'язувати задачі, розуміти людей та їхні дії й покращувати соціальні навички. Коли дитина запрошує вас до свого уявного світу, прийміть це запрошення і підіграйте.

Ситуація | Малюк хоче пограти з вами в кафе.

ВІН КАЖЕ:

«Пограймо! Я буду…»

ВИ МОЖЕТЕ ПОДУМАТИ:

«Знову? Скільки можна грати в те саме?»

У своїй уяві малюк стає власником кафе. Він насолоджується провідною позицією та очікує, що ви зіграєте відведену вам роль за встановленими ним правилами. Так він покращує свої нові соціальні навички та прискорює когнітивний розвиток, використовуючи інформацію про навколишній світ.

Хоча діти обожнюють імітаційні ігри, дорослим вони можуть видаватися одноманітними. Але якщо малюк попросив вас пограти з ним — підіграйте й майте терпіння. Що більше часу ви проведете зі своїм малим, то краще знатимете його і то цікавіше вам буде разом.

❝ ❞

«ІМІТАЦІЙНІ ІГРИ ДОПОМАГАЮТЬ МАЛЮКОВІ ОПАНОВУВАТИ СОЦІАЛЬНІ НАВИЧКИ, ЯКІ ЗНАДОБЛЯТЬСЯ ЙОМУ В РЕАЛЬНОМУ ЖИТТІ, ЯК-ОТ ПОШУК ДРУЗІВ, РОЗВ'ЯЗУВАННЯ ПРОБЛЕМ І САМОВИРАЖЕННЯ».

ВІН ДУМАЄ:

«А ти мені підіграй!»

Коли ви долучаєтесь до гри, придуманої малюком, — він відчуває, що його люблять і цінують. Для нього усе в цьому «кафе» є справжнім, а тому він не сумнівається, що ваш персонаж впишеться у гру.

ЯК РЕАГУВАТИ

Негайно:

Будьте у моменті. Відкладіть думки про інші справи та залиште телефон в іншій кімнаті.

Хай сам встановлює правила. Діставши повний контроль над своїм уявним світом, малий вдовольнить потребу командувати й буде поступливішим в інших сферах життя — наприклад, за столом. Його поведінка покращиться.

Виходьте з гри поступово. Замість просто обірвати гру попередьте малого про її майбутнє завершення, а потім іще раз про це нагадайте: «Обслуговуємо ще одного клієнта — і зачиняємося». Якщо це засмутить малюка, запевніть, що завтра ви знову «відкриєте кафе» і продовжите гру.

На майбутнє:

Створюйте можливості. Хай у вашому домі будуть речі, що спонукають до подібних ігор: іграшкова плита, кошик з іграшковими овочами й фруктами, кілька костюмів та набір юного лікаря. Підтримуйте малого: ви не мусите грати з ним щоразу, коли йому хочеться, але приймайте запрошення хоча б раз на день.

Пливіть за течією. Не намагайтеся контролювати гру чи втручатися в політ фантазії малюка. Коли маленька дитина вживається у якусь роль, вона відпрацьовує певний важливий для себе досвід — як-от обідні години чи розмови телефоном.

◆ **ПЕРЕГЛЯНЬТЕ ПОВ'ЯЗАНІ ТЕМИ** ◆

Оцю казку хочу! с. 76—77
А це для чого? с. 80—81

«А я хочу зараз!»

Відкладання задоволення — здатність відмовитися від того, чого хочеться просто зараз, задля більшої винагороди в майбутньому. Дослідження показують, що діти, здатні контролювати свої імпульси, у дорослому віці успішніші за однолітків, адже ухвалюють рішення більш зважено.

Ситуація | Діставши морозиво з морозильника, ви кажете дитині, що за п'ять хвилин його можна буде їсти.

ВОНА КАЖЕ:

«А я хочу зараз!»

Дитині цього віку складно чекати. Це відбувається тому, що відкладання задоволення потребує «виконавчого функціонування» мозку, а саме відділу вищого мозку, що відповідає за мислення та планування, — а він лише розвивається. Ця навичка зазвичай формується лише у 3—5 років, і навіть тоді більшість людей постійно працюють над її покращенням аж до дорослого віку.

❝ ❞
«НАВЧИВШИ ДИТИНУ ВІДКЛАДАТИ ЗАДОВОЛЕННЯ, ВИ ДАСТЕ ЇЙ КОРИСНУ НАВИЧКУ».

ПЕРЕГЛЯНЬТЕ ПОВ'ЯЗАНІ ТЕМИ

«Хочу синє горня! Ні, жовте! Ні, синє!» с. 46—47
«Не можна малювати на стінах!» с. 174—175

«Куди вона поспішає? У чому проблема зачекати?»

«Ось же воно, морозиво! Чому його не можна з'їсти просто зараз?»

Вас можуть дратувати, здавалося б, нестримне прагнення дитини до миттєвого задоволення та її нестерпна нетерплячість. Однак попри те, що в цьому віці нереально вимагати від дитини сили волі та довгого очікування, ви можете допомогти їй розвивати терпіння.

Для вашої дитини морозиво — це щось настільки смачне, що центри винагороди в її мозку активуються від самого лише вигляду. Вона ще не розуміє причинно-наслідкових зв'язків, а також не має життєвого досвіду й не знає, що морозиво спершу має трохи відтанути.

ЯК РЕАГУВАТИ

Негайно:

Відволікайте дитину. Покажіть дитині щось стороннє — приміром, що робить кіт у саду чи нову іграшку.

Відмірюйте час у зрозумілий для дитини спосіб. Якщо морозиво відтане за п'ять хвилин — киньте дитині виклик: «Скільки кубиків «Lego» ти зможеш зібрати, перш ніж можна буде їсти морозиво?»

Дотримуйтесь принципу «зникне з очей — зійде і з думки». Дітям легше чекати на щось, чого вони не бачать, — тож приберіть морозиво з поля зору.

На майбутнє:

Запропонуйте відволіктися. Діти, здатні співати собі пісень або вигадувати історії, виказують більшу терплячість.

Поговоріть про терпіння. Коли дитині вдається чемно чекати — поговоріть про це за певний час. Приміром: «Пам'ятаєш, як ти чекала в черзі на карусель і як тобі було весело, коли черга дійшла?»

«Ну ще трішечки!»

Діти цього віку живуть у моменті та ставлять свої бажання й потреби на перше місце. Якщо вони насолоджуються певною діяльністю і поринули у гру, їм дуже прикро зупинятись та перемикати увагу, особливо якщо дуже не хочеться.

Ситуація | Малюк бавиться в пісочниці на дитячому майданчику, коли час забирати старшу дитину зі школи.

ВІН КАЖЕ:

«Ну ще трішечки!»

ВИ МОЖЕТЕ ПОДУМАТИ:

«Чому він так упирається? Я мушу забрати зі школи його старшого брата!»

Це дорослі мають купу справ, які треба зробити, та місць, куди треба встигнути, а діти просто хочуть грати. Їм прикро полишати цікаву гру заради чогось іншого. У цьому віці вони можуть зосереджуватись лише на чомусь одному, та й то не довше за 10—15 хвилин (так звані «ігрові острівці») — тож найкращим способом відволікти увагу малюка буде перехід від однієї гри до іншої.

Це ви знаєте, коли закінчуються шкільні заняття, а малюк живе в моменті й думає тільки про свою гру. Необхідність силоміць тягнути малого до місця, де ви маєте бути, може виводити вас із рівноваги.

❝ ❞

«УМІННЯ ПЕРЕМИКАТИСЯ ДУЖЕ ВАЖЛИВЕ ДЛЯ ВІДВІДУВАННЯ САДОЧКА ТА ШКОЛИ. ВЧІТЬ ДИТИНУ ПЕРЕМИКАТИ УВАГУ ЗМАЛЕЧКУ».

ВІН ДУМАЄ:

«Чому дорослі постійно псують задоволення?»

Перериваючи гру малюка, ви перетворюєтесь у його очах на людину, яка навмисне псує йому розвагу. Його прагнення до самостійності зростає; він хоче сам розпоряджатися своїми іграми. Малюк мусить задіяти неабиякі розумові ресурси та силу волі, щоб відірватися від своєї справи — при тому, що причина на те є важливою для вас, але не для нього.

ЯК РЕАГУВАТИ
Негайно:

Дайте визначення почуттям малюка. Замість наказувати покажіть дитині своє розуміння. Скажіть: «Я знаю, що тобі весело й цікаво; тобі прикро, що треба кидати гру та кудись їхати». Так він побачить, що ви його розумієте, і протестуватиме менше.

Похваліть. Коли малюк чемно завершує гру та йде за вами, не протестуючи, — розкажіть йому, що він вчинив правильно, і наступного разу він послухає вас охочіше.

Запропонуйте щось цікаве. Якщо ви просите малюка зробити щось, чого він робити не хоче (сісти на заднє сидіння автівки та поїхати до школи), запропонуйте дорогою разом заспівати пісеньку або ж пограти у гру на вгадування.

На майбутнє:

Дайте малому час закінчити гру. Якщо ви підлаштуєте свій від'їзд до завершення його гри, він не буде так опиратися. Ви також можете підготувати малюка заздалегідь, даючи йому лагідні, але тверді підказки: «Зроби ще одну фортецю з піску, і тоді ми поїдемо».

Станьте передбачуваними. Малюкові важче перемикатися, коли він втомлений і голодний. Побудувавши розпорядок дня довкола його прийомів їжі, сну та ігор на майданчику, ви полегшите перехід до нової діяльності.

ПЕРЕГЛЯНЬТЕ ПОВ'ЯЗАНІ ТЕМИ

«Ну ще одненьке!» с. 58—59
«Пограймо! Я буду...» с. 64—65

«Ну будь ласочка!»

Отже, ваша дитина тепер уміє говорити й висловлювати свої бажання. Оскільки центром її всесвіту є вона сама, а ви вбачаєтесь їй всемогутньою дорослою людиною, яка має задовольняти її потреби, саме на вас вона спрямує свою нову навичку просити.

Ситуація | Побачивши у парку продавця морозива, ваша мала канючить.

"

«НАВЧІТЬ ДИТИНУ ЧЕМНО ПРОСИТИ — І ВАШЕ ЖИТТЯ СТАНЕ ПРИЄМНІШИМ».

ВОНА КАЖЕ:

«Ну будь ласочка!»

Дитина вже розуміє причинно-наслідкові зв'язки та помітила, що ви завжди реагуєте, якщо повторити багато разів. Навіть не отримавши бажаного, вона почувається впливовою: адже ви відреагували. Ще одна причина, чому маля багато разів повторює те саме, — воно не знає, як інакше дістати бажане.

ПЕРЕГЛЯНЬТЕ ПОВ'ЯЗАНІ ТЕМИ

«Ну ще одненьке!» с. 58—59
«А я хочу зараз!» с. 66—67

ВИ МОЖЕТЕ ПОДУМАТИ:

«Її ниття виставляє мене поганою матір'ю — але ж істерика була б не кращою!»

ВОНА ДУМАЄ:

«Так хочеться морозива! Якщо я скажу про це достатньо разів — мама мене послухає!»

Якщо ви в громадському місці, ваші почуття суперечливі. Ви розумієте, що ниття дитини може перейти в істерику; але відчуваєте осуд інших батьків, які вирішать, що ви на таке піддавалися. Вас також може обурювати випрошування смаколиків щоразу, як виходите надвір.

На цьому етапі розвитку діти схильні мати бажане за дійсність. Маля вірить, що багатократним повторенням наближає отримання бажаного.

ЯК РЕАГУВАТИ

Негайно:

Покажіть, що ви почули дитину. Дайте зрозуміти, що почули її з першого разу.

Нагадайте, що слід просити чемно, і тоді ви вислухаєте її. Вона притишить голос.

Поясніть своє рішення. Якщо ви відмовляєте, не змушуйте малу почуватися жадібною через те прохання.

Залишайтеся нейтральними. Можливо, у минулому ви негативно реагували на ниття дитини. Якщо ви будете сердитися, це може спровокувати в малюка істерику. Тож нехай ниття вас не турбує.

На майбутнє:

Заохочуйте до самоконтролю. Звертайте увагу на випадки, коли ваша дитина опановує свої імпульсивні пориви (наприклад, слухає, не перебиваючи), та хваліть її за це. Вона знатиме, що ви дослухаєтеся до її бажань, навіть якщо не завжди їх задовольняєте.

«Хочу тата, а не маму!»

Тепер, коли малюк може ясніше висловлювати бажання,
він прагне більшого контролю над певними аспектами свого життя.
Одним зі способів такого контролю є можливість обирати,
разом з ким із батьків щось робити.

Ситуація | **Попри вашу пропозицію пограти з ним у піратів малий хоче бавитися лише з татком: мама його не влаштовує.**

ВІН КАЖЕ:

«Хочу тата, а не маму!»

ВИ МОЖЕТЕ ПОДУМАТИ:

«Можливо, він любить мене менше, ніж татка?»

Коли був немовлям, ваш малюк, найімовірніше, переважно був прив'язаний до людини, яка дбала про нього більшу частину часу і зокрема годувала. Тепер він став старшим та самостійнішим, а також усвідомив себе окремою від вас особою — тож готовий розпочинати стосунки з іншими членами сім'ї. Отже, татко може стати його новим захопленням.

Оскільки ви звикли до неподільної любові свого малюка, чути таке буває тяжко.
Вас може турбувати, чи ви щось зробили не так; ви можете навіть відчувати ревнощі чи досаду. Втім, цей етап нетривалий — тож не беріть такі слова до серця. Навпаки, порадійте зростанню впевненості малюка в собі.

◄ ПЕРЕГЛЯНЬТЕ ПОВ'ЯЗАНІ ТЕМИ ►

«Мамо, не йди!» с. 52—53
«Ого, яка палиця!» с. 78—79

ВІН ДУМАЄ:

«З татком грати в цю гру цікавіше!»

Є чимало причин, чому малюк може проситися до батька. Якщо татко рідко буває вдома, його товариство може видаватися цікавішим, а от допомогти вдягнутися малюк все одно покличе вас, бо саме до цього він звик. До того ж дослідження показують, що татусі радше долучаються до ігрових боїв, — це теж може бути причиною бажання грати саме з татом.

ЯК РЕАГУВАТИ

Негайно:

Дайте малюкові вибір. Дослухайтеся до бажання малюка пограти з татом. Якщо той не поруч, скажіть: «Я можу пограти з тобою, доки татко повернеться».

Реагуйте з гумором. Замість засмучуватися скажіть щось на кшталт: «Ти правий: татко — чудовий Капітан Гак!» Звісно, важливо навчити малого, що слова можуть ранити, але краще відкласти це на потім, а не прив'язувати до чутливого моменту: так малюк не почуватиметься винним.

На майбутнє:

Зміцнюйте зв'язок. Якщо ви підозрюєте, що малюк просить грати з татком лише тому, що з ним грати просто веселіше, — знайдіть час на цікаві спільні справи, коли ви з малим залишаєтесь удвох.

Будьте командою. Діти почуваються найбезпечніше, маючи дружню команду дорослих, які піклуються про них. Якщо ви покажете малюкові, що мама й тато можуть однаково подбати про нього, — ви зможете підміняти одне одного в різних ролях і буде менше скривджених почуттів через те, що він вас не хоче.

Поговоріть про свої почуття з партнером, щоб не накопичувалися образи. Уникайте критики у присутності дитини та намагайтеся проводити більше часу всі разом.

Проблеми сну

Усі батьки чудово знають, що малята почуваються
та поводяться краще, коли добре виспались.
Утім, це не означає, що діти охоче лягатимуть спати
чи навіть спокійно спатимуть до ранку.

Проблеми дитячого сну переважно поділяються на два типи: небажання лягати спати та прокидання посеред ночі.

У першому випадку діти можуть не хотіти лягати спати, бо лежання в темряві на самоті викликає сепараційну тривогу. Інші, навпаки, мають жваву уяву, і їм важко розслабитися. До того ж стадії поверхневого сну в дітей довші, ніж у дорослих, тож варто пояснити, що коли вони крутяться — не обов'язково час вставати і потрібно навчитися засинати знову.

Налагодження режиму сну дитини може стати одним з найскладніших викликів батьківства. Впоравшись із цим завданням, ви значно покращите своє сімейне життя. Ваше завдання — допомогти малюкові сформувати здорове ставлення до сну та почуватися затишно в своєму ліжечку.

1

З'ясуйте причину. Порахуйте, скільки годин на тиждень спить маля. Подумайте, чому дитина не хоче йти спати ввечері. Може, їй бракує часу з вами? Чи вона забагато спить удень? Розберіться з першопричиною.

4

Тиха година має бути особливою. Ніколи не відправляйте дитину до ліжка задля покарання! Нехай ліжечко буде для неї затишним місцем

7

Не підганяйте. Для полегшення переходу дитини до стану спокою виділіть до однієї години між вечірнім купанням та вимиканням світла

9

Будьте стриманими. Після вимикання світла дитині може знадобитися попити, сходити до туалету, просто обійняти вас іще разочок. Підтримайте її, але не приділяйте забагато уваги, щоб це не заохочувало відкладати сон.

10 основних принципів

2

Складіть план. Головне — послідовність, тож складіть перехідний план, якого дотримуватиметься ваша родина. Нехай це буде одне поліпшення за раз: «лягла спати без суперечок» або ж «проспала аж до ранку». Звикання до нових правил може потребувати до двох тижнів.

3

Виступайте єдиним фронтом. Суперечки щодо часу вкладання дітей можуть викликати напруження між батьками, яким і без того бракує часу побути вдвох. Якщо ваш малюк отримує протилежні вказівки — він спробує перемкнути вас на протистояння одне з одним.

5

Вказуйте дитині, що вона робить правильно. Зауважуйте та озвучуйте все, що дитина робить правильно, коли готується до сну: від завершення купання без вередування до вдягання піжами без нагадування.

6

Створіть ритуали (повторювані дії) перед сном. Вечірня рутина сповнена сигналів, що асоціюються із вкладанням спати. Ми, дорослі, сприймаємо їх за належне: перевдягання, чистка зубів, читання у ліжку... Створіть вечірні ритуали для свого малюка, повторюючи ті самі дії в тому самому порядку.

8

Купіть нічник. Маленьким дітям може здаватися, що темрява поглинає усі звичні речі довкола. М'яке світло нічника запевнить малюка, що нічого не змінилося, і не заважатиме спати.

10

Допоможіть дитині сприймати сон як щось добре. Без допомоги дорослих діти не бачать зв'язку між недосипанням та дратівливістю наступного дня. Мірою дорослішання поясніть дитині цей зв'язок, а також те, що недосипання ускладнює прокидання зранку.

2—3 РОКИ

Ходить сон коло вікон
На цьому етапі малюк потребує 12–13 годин сну на добу — тож не пропускайте час вкладання спати!

Заохочення
Зробіть табличку досягнень, у якій малюватимете зірочку щоразу, коли дитині щось вдається — приміром, спати аж до ранку.

4—5 РОКІВ

Для дрімоти менш роботи
Діти цього віку мають меншу потребу в сні, а тому можна більше не вкладати їх після обіду.

Поступові зміни
Якщо вранці маля не добудишся до садочка — щодня переносьте час вкладання на 15 хвилин раніше, доки досягнете бажаного результату.

6—7 РОКІВ

Ніч має своє право
Щоб домашнє завдання не відтягувало вкладання спати, запитайте в учительки, скільки воно має тривати, та допоможіть дитині дотримуватися цього часу.

За думками сон не йде?
Деяким дітям цього віку складно заснути, адже їх не відпускають тривоги щодо друзів та школи. Попросіть дитину записати свої тривоги перед сном: це допоможе їй сформулювати та проговорити їх разом з вами.

«Оцю казку хочу!»

Спільне читання покращує мовлення та соціальні навички малюка,
а також допомагає йому навчитися читати раніше. Вечірня казка
як повсякденний ритуал також стане для малого додатковим сигналом,
що він скоро засне. До того ж ваша неподільна увага дасть малюкові
відчути свою особливість, важливість і пов'язаність з вами.

Ситуація | Малюк знову просить вас прочитати йому казку — ту саму! — перед сном.

ВІН КАЖЕ:

«Оцю казку хочу!»

ВИ МОЖЕТЕ ПОДУМАТИ:

«Знову? Ми ж читали її вже разів сто!»

Для малюка поринання у казку разом з вами — це спосіб заспокоїтися та розслабитися. Окрім сигналу, що скоро час спати, вечірня казка має й іншу користь: діти, яким у віці 2—3 років регулярно читали, пізніше показують кращу успішність у школі.

Ви вже вивчили чимало книжечок напам'ять — адже ваш малюк має улюблені казки й просить перечитувати їх знов і знов. Вас така одноманітність може дратувати, а для нього можливість самостійно обирати казку дає змогу почуватися важливим та скеровувати плин розваги.

«ЧИТАННЯ МАЛЮКОВІ — ЦЕ ЦІННА МОЖЛИВІСТЬ ЗМІЦНИТИ ЗВ'ЯЗОК З НИМ, РОЗСЛАБИТИСЯ, РОЗВАЖИТИСЯ ТА ДОПОМОГТИ ЙОМУ НАВЧИТИСЯ ЧОГОСЬ НОВОГО».

ВІН ДУМАЄ:

«Почитаймо її знову! Мені це так подобається!»

Малюк почувається безпечно, примостившись біля вас із книжкою. Перечитування казок допомагає йому впізнавати написання слів на сторінках — важливий передвісник читання. Це також нагода відпрацювати вживання нових слів, покращити пам'ять та розвинути емоційне розуміння людей, яке допоможе йому знаходити друзів.

ЯК РЕАГУВАТИ

Негайно:

1

Присвятіть малому неподільну увагу. Нехай він розслабиться, знаючи, що цей час — лише для вас двох і саме ви зараз — його пріоритет. Приберіть телефон з поля зору.

2

Відповідайте на будь-які запитання. Постійне перебивання може дратувати дорослих, але для малюка запитання — спосіб взаємодіяти з казкою та розвивати уяву. Поговоріть про те, що, на його думку, має статися далі та як почувається герой казки.

3

Читайте виразно. Пожвавлюйте історії, озвучуючи репліки різних персонажів на різні голоси, що розкриють їх характери. Змінюючи тональність та силу звуку, ви допоможете малому краще зрозуміти нові слова. Що більше він насолоджується казкою, то вірогідніше чогось із неї навчиться.

На майбутнє:

Домовляйтеся заздалегідь. Якщо малюк часто просить прочитати половину книжечок з його полиці, запропонуйте йому обрати три книжечки на вечір і читайте тільки їх.

Читайте регулярно бодай одну казку — це допоможе дитині почуватися безпечно.

◀ ПЕРЕГЛЯНЬТЕ ПОВ'ЯЗАНІ ТЕМИ ▶

«Пограймо! Я буду...» с. 64—65
«Як виділити якісний час» с. 84—85

«Ого, яка палиця!»

Доки возили маля у візочку, ви завжди знали, скільки часу потребує шлях з пункту А до пункту Б. Але тепер ваша дитина ходить самостійно і дістатися куди-небудь швидко стало просто нереально — адже вона в захваті від усього, що їй трапляється.

Ситуація | Дорогою до дитячого майданчика ваша мала постійно зупиняється, щоб роздивитися чергову цікаву палицю.

« »

«ЦЕ УНІКАЛЬНИЙ ДЛЯ ВАШОЇ ДИТИНИ ЧАС ДОСЛІДЖЕНЬ. АДАПТУЙТЕ ПРОСТІР, ЩОБ ДОПОМОГТИ ЇЙ».

ВОНА КАЖЕ:

«Ого, яка палиця!»

Дитина дістала можливість самостійно досліджувати навколишній світ, тож природно, коли щось нове зачаровує її на кожному кроці. Її цікавлять текстури, кольори та вага її знахідок. Вона ніби вперше бачить навколишній світ.

ПЕРЕГЛЯНЬТЕ ПОВ'ЯЗАНІ ТЕМИ

«Ну ще трішечки!» с. 68—69
«А це для чого?» с. 80—81

ВИ МОЖЕТЕ ПОДУМАТИ:

«Ще одна палиця? Тепер точно спізнимося».

ВОНА ДУМАЄ:

«Така цікава палиця! Нащо мені поспішати?»

Якщо домовилися бути в певному місці в певний час, повільне просування до пункту призначення може дратувати. Іноді здається, що дитина навмисне ігнорує ваші прохання поквапитися — але через зосередженість, а також здатність думати лише про щось одне в певний момент вона навряд чи вас почує.

У мозку вашої дитини формуються нові нейронні зв'язки, тисяча щосекунди. Вона має вроджене прагнення використати цю стадію стрімкого когнітивного розвитку на повну, зауважуючи усе довкола. Вона живе у моменті й має докласти неабияке вольове зусилля, щоб перемкнутися зі своєї справи на вашу.

ЯК РЕАГУВАТИ

Негайно:

Опустіться на рівень дитини. Замість підганяти присядьте біля дитини; нехай покаже вам, що вона знайшла. Якщо вам треба йти — попередьте її за хвилину, щоб вона мала час перемкнути увагу.

Насолоджуйтеся процесом. Аби прогулянки тішили, спробуйте усвідомлений підхід: сповільніть темп ходи та уважно роздивляйтеся усе довкола. Вам обом стане краще.

На майбутнє:

Виходьте заздалегідь. Діти навчаються найкраще, коли їх не підганяють і коли їх спрямовує цікавість.

Задовольняйте потреби дитини. Інколи маля ігноруватиме ваші прохання, просто щоб привернути увагу та отримати контроль. Приділіть йому неподільну увагу в інший час — і він менше впиратиметься, коли ви кудись ідете разом.

Частіше бувайте надворі. Просто неба — найкраще місце для відпрацювання фізичних навичок. Полиште обмеження вдома та дайте малюкові бігати, стрибати, шукати пригод і розвивати свої почуття.

«А це для чого?»

Діти — природжені дослідники; вони мають вроджений потяг до вивчення світу та його закономірностей. Що малюк допитливіший, то більше він знатиме. Хоча цю цікавість закладають не батьки, саме вони можуть її заохотити та забезпечити малюкові пожиттєві вигоди.

Ситуація | **Подивившись, як ви фотографуєте, малюк хоче побавитися з камерою й подивитися, як вона працює.**

ВІН КАЖЕ:

«А це для чого?»

ВИ МОЖЕТЕ ПОДУМАТИ:

«Чому він до всього лізе? Усі налаштування мені позбиває!»

Дитячий мозок налаштований на цікавість. Мірою розвитку вищих відділів мозку малюк шукатиме логічних пояснень того, як влаштовано світ. Цікавість не тільки допомагає розвивати його лобові частки, а й сприяє виробленню дофаміну — нейромедіатора, що дозволяє відчувати задоволення та стимулює бажання досліджувати світ і надалі.

Малюкові постійно кортить покрутити усі регулятори й понатискати усі кнопки, тому легко зрозуміти, чому ви ані на мить не спустите з нього очей. Та дуже важливо заохочувати його замість дратуватися, щоб він не боявся проявляти цікавість і надалі.

ПЕРЕГЛЯНЬТЕ ПОВ'ЯЗАНІ ТЕМИ

«Дай телефон!» с. 56—57
«Коли вже буде завтра?» с. 86—87

" "
«ВАШЕ ЗАОХОЧЕННЯ — КЛЮЧОВИЙ ФАКТОР ЗМІЦНЕННЯ ЙОГО ЖАГИ ЗНАНЬ».

ВІН ДУМАЄ:

«Ця штука видає класний звук! До того ж цікаво подивитися, як вона працює».

Ваш малюк у захваті від відкриття причинно-наслідкових зв'язків. Його тішить можливість натиснути на кнопку й отримати результат. Це дає йому відчуття контролю над власним світом, а також можливість передбачати певні події.

ЯК РЕАГУВАТИ

Негайно:

Розкажіть, «що роблять ці кнопочки». Пояснюючи простими словами призначення кнопок, ви допоможете малюкові поєднати свою допитливість та навички мовлення і сформувати основне уявлення про навколишній світ, яке він надалі розвиватиме.

Питайте в малюка. Виділіть час на пояснення, як працює камера, але ставте дитині навідні запитання, щоб допомогти розвивати вище мислення та пов'язувати нову інформацію із засвоєною раніше. Нехай процес буде двостороннім.

З'ясуйте відповідь разом. Нерідко ви й самі не знаєте відповіді. Утім, щоб заохотити малюка, варто сказати: «Чудове запитання! З'ясуймо разом», — якщо ви не впевнені.

На майбутнє:

Покажіть, як проявляти цікавість. Заохочуйте малого цікавитись усім, що відбувається, досліджуючи та ставлячи запитання.
Майте терпіння. Будьте готові відповідати по кілька разів на те саме запитання. І хоча допитливість — важлива риса на все життя, дослідження показують, що до 7 років діти ставлять значно менше запитань, якщо їх не заохочувати. Якщо ж ви відбиватимете у малюка охоту ставити запитання — він взагалі припинить це робити.

«Одне тобі, одне мені»

Вміння ділитися — важлива навичка, якої варто навчати усіх дітей. Слід якнайчастіше показувати власним прикладом, як саме ділитися, щоб маля потім наслідувало це, спілкуючись із однолітками.

Ситуація | Дитина демонстративно ділиться з вами печивом — попри те що вам його геть не хочеться.

ВОНА КАЖЕ:

«Одне тобі, одне мені».

ВИ МОЖЕТЕ ПОДУМАТИ:

«Мені не дуже хочеться замацаного печива. Краще відмовлюся».

Мірою опановування свого тіла дитина спершу навчилася хапати речі й хотіла залишати їх собі. Тепер вона досягла нового етапу: розвивається емпатія, дитина усвідомлює, що й інші люди мають бажання, і намагається контролювати своє бажання забрати все собі.

Усі батьки хочуть, щоб діти ділилися, адже так їх сприйматимуть як добрих і приємних у спілкуванні. Однак вам доведеться чекати приблизно трирічного віку, доки маля збагне, що іншим приємно, коли з ними діляться. Поки цього не сталося, заохочуйте та підкріплюйте його щедрість.

◀ ПЕРЕГЛЯНЬТЕ ПОВ'ЯЗАНІ ТЕМИ ▶

«Це моє!» с. 36—37
«Пограймо! Я буду…» с. 64—65

" "

«ЩЕДРОСТІ МОЖНА НАВЧИТИСЯ, ТОЖ БУДЬТЕ ДІТЯМ ЗА ВЗІРЕЦЬ. ЦЯ НАВИЧКА НАДЗВИЧАЙНО ВАЖЛИВА ДЛЯ ДРУЖБИ».

ВОНА ДУМАЄ:

«Таке хороше правило! І мені приємно, і мама радіє!»

Діти залюбки повторюють те, що їм сподобалося. Що частіше дитина повторюватиме з вами ці ритуали, то краще навчиться ділитися — а це важлива навичка на майбутнє.

ЯК РЕАГУВАТИ

Негайно:

Усміхніться й візьміть печиво. Підкріпіть установку, що ділитися — добре, та заохочуйте маля якнайчастіше ділитися з іншими.

Подякуйте. Покажіть дитині, що ви вдячні за її чесність та щедрість; завжди можна сказати, що ви з'їсте своє печиво пізніше.

На майбутнє:

Проговорюйте, що дитина робить правильно. Наприклад: «Бачиш, як Лора всміхнулася, коли ти дала їй печиво? Їй було дуже приємно».

Поясніть, що це означає. Допоможіть дитині усвідомити, що, поділившись, вона або віддає щось назавжди (як-от їжу), або ж отримає свою річ назад (як-от іграшку).

Грайте в ігри, у яких треба ділитися. Настільні ігри, а також усі забавки, де треба грати по черзі, — чудова вправа на здатність ділитися.

Як виділити якісний час

Хоч яке насичене життя, важливо щодня знаходити час на те, щоб малюк отримував вашу неподільну любов та увагу. Таке регулярне спілкування сам на сам стане найціннішими моментами для вас обох.

Дитина не бачить різниці між поняттями «любов» і «час»; банально, але правда. Навіть коли ви тяжко працюєте, щоб забезпечити дітей, вони можуть сприймати це як відчуження, тож дійсно важливо щоразу знайти трохи дорогоцінного часу та побути з ними.

Звісно, ви не зможете подовжити тривалість доби, але цілком здатні зробити відкладання цінного часу на дитину пріоритетним — з того, що ви маєте. Будьте певні: ваші

зусилля окупляться сторицею. Впродовж таких періодів, коли дитина особливо відчуває свою близькість до вас, і утворюватимуться ваші найкращі спогади.

До речі, негативна поведінка для привернення вашої уваги (ревнощі, вередування) також практично зійде нанівець, якщо малюк знатиме, що кожного дня наставатиме час, коли він почуватиметься найважливішою для вас людиною в цілому світі.

1

Приділіть 5–10 хвилин. Старайтеся приділяти невеликі проміжки часу кожній дитині особисто та робіть це послідовно. Ви насолоджуватиметеся цим часом, а поведінка дітей покращиться.

4

Вихідні «на максимум». Вихідні — чудова нагода зміцнити сімейні зв'язки. Поглиблюйте зв'язок з дитиною через «ігри на розвиток приязні», у яких ви сидите чи стоїте обличчям одне до одного, усім своїм виглядом показуючи «я радий бути з тобою».

6

Оберіть найзручніший час. Ви можете встати трішки раніше і посидіти біля малюка на ліжку, гладячи його волосся та говорячи про те, що принесе вам цей день, — або ж, навпаки, виділити трохи часу перед сном. Знайдіть варіант, який найкраще підійде і вам, і малюкові.

8 основних принципів

2

Дайте визначення. Головне — донести до малюка, що ви спеціально виділяєте цей час, щоб побути з ним. Для початку можна сказати йому, що це «особливий час» лише для вас двох.

3

«За спасибі». Робіть з дитиною те, що не потребує грошових витрат. Це може бути спільна настільна гра, приготування їжі, прогулянка чи поїздка велосипедом, навіть вигулювання пса — покажіть, що достатньо просто бути разом.

5

Скористайтесь із кожної нагоди. Щоразу, коли ви наодинці з дитиною (приміром, їдете автівкою у справах), ви можете зробити цей час особливим, дослухавшись до її настрою та інтересів. Спитайте маля, про що воно хотіло б поговорити.

7

Спільні веселощі. Знайдіть види діяльности, які активують виділення гормонів задоволення та зміцнюють позитивне самосприйняття.

8

Жодного ґаджета. Приберіть подалі телефон та спробуйте звільнити думки від усього, що заважає бути з дитиною в певний момент.

❝ ❞

«БОДАЙ КІЛЬКА ХВИЛИН «ОСОБЛИВОГО ЧАСУ» ЩОДНЯ СУТТЄВО ПОСИЛЯТЬ ЗВ'ЯЗОК МІЖ ВАМИ».

За віком

2—3
РОКИ
Більше обіймів
Здатність дитини відчувати близькість та комфорт дуже залежить від фізичного контакту.
Як забажаєш
За кожної можливости давайте дитині обирати, що робити разом. Це посилає сигнал: «Мені байдуже, що робити, — головне, що з тобою».

4—5
РОКІВ
Маленький помічник
Коли малюк трішки підросте, попросіть його допомогти приготувати вечерю чи зробити якийсь дріб'язок із хатньої роботи.
Сама увага
Коли дитина розповідає про садочок — не поспішайте повчати й радити. Часто досить просто вислухати та відгукнутися. Найкраще запитання у цій ситуації: «Розкажеш чому?»

6—7
РОКІВ
Розділене вкладання
Якщо ви маєте молодшу дитину, дозвольте старшій раз на тиждень лягти спати на пів години пізніше та проведіть цей час разом.
У таксі
Інколи старшим дітям легше сказати, що їх турбує, уникаючи зорового контакту. Спільна поїздка автівкою — одна з таких можливостей.

«Коли вже буде завтра?»

Час посідає важливе місце у думках дорослих: хай це години чи хвилини; учора, сьогодні, завтра. Маленькі діти розуміють лише те, що можна відчути, зокрема, на дотик; час — абстрактне поняття, і малі потребують допомоги, щоб зрозуміти, коли стануться певні події.

Ситуація | **Маля знає, що завтра мають приїхати бабуся з дідусем, і постійно допитується, де ж вони.**

ВОНА КАЖЕ:

«Коли вже буде завтра?»

«НЕТЕРПЛЯЧІСТЬ МАЛЕНЬКОЇ ДИТИНИ НЕ Є ОЗНАКОЮ НЕРОЗУМНОСТІ: ВОНА ЩЕ ПРОСТО НЕ РОЗУМІЄ ПЛИНУ ЧАСУ».

Ваш малюк живе переважно у моменті; його розуміння плину часу спирається на події, які трапляються регулярно, як-от прокидання, прийоми їжі та вкладання спати. Слухаючи, як ви поєднуєте ці події у мовленні, він починає розуміти значення слів «раніше» та «пізніше», а от «завтра» — досі незбагненна річ.

ПЕРЕГЛЯНЬТЕ ПОВ'ЯЗАНІ ТЕМИ

«Дай телефон!» с. 56—57
«А я хочу зараз!» с. 67—67

ВИ МОЖЕТЕ ПОДУМАТИ:

«Скільки можна повторювати, що вони прийдуть завтра? Чому вона така нетерпляча?»

ВОНА ДУМАЄ:

«Хочу вже зустрітися з бабусею й дідусем! Скільки ж можна чекати?»

Життя дорослих розмічене часовими проміжками та крайніми термінами, тож легко забути, що для малечі вони не означають нічогісінько. Непросто стримати роздратування, коли дитина знов і знов питає, коли приїдуть гості. Але не забувайте, що вона ще не розуміє концепцію «завтра», та зберігайте спокій.

Вища розумова діяльність, яка дозволить малюкові «заглядати в майбутнє», ще не розвилася. Він так радіє майбутній зустрічі з бабусею та дідусем, що йому здається, що це має статися просто зараз. Нетерплячості додає ще й недостатньо відпрацьована навичка відкладати задоволення.

ЯК РЕАГУВАТИ

Негайно:

Розбийте очікування на етапи. Скажіть, що розумієте нетерпіння побачити бабусю з дідусем — але спершу буде вечеря, потім купання, потім казочка, потім дитина ляже спатоньки, потім прокинеться, і до кінця завтрашнього сніданку вони вже будуть на порозі.

Перемкніть увагу. Відволічіть маля та запропонуйте якесь заняття, щоб змістити фокус із приїзду бабусі з дідусем.

На майбутнє:

Запровадьте ритуали. Діти краще розуміють плин часу, коли мають чіткий розпорядок дня.

Пов'язуйте дії з часом. Використовуйте різні слова для позначення часу впродовж дня: це допоможе малюкові зрозуміти, коли що відбудеться. Скажіть, що куртку вдягають «перед» тим, як вийти надвір, а десерт їдять «після» основної страви.

Стежте за часом. Візуалізація допоможе малюкові краще розуміти час. Приміром, можна вклеїти світлину бабусі з дідусем до календаря або у віконце дати відвідин та разом викреслювати дні, що спливають. Так дитина бачитиме, що їх приїзд наближається.

РОЗДІЛ 4

4—5
років

«Обійми мене!»

У цьому віці малюк інстинктивно бажає бути поруч особи, що проводить з ним найбільше часу та дає йому найсильніше почуття безпеки. Навіть набувши більшої самостійности, діти звертатимуться до дорослих по відчуття безпеки та втішні обійми.

Ситуація | **Малюк не хочете злазити з ваших колін та йти до однолітків на дні народження подруги.**

ВІН КАЖЕ:

«Обійми мене!»

Попри те що малюк знає більшість дітей на цьому святі, новизна та галасливість можуть приголомшити його. Малий може шукати у вас заохочення та безпеки. Він може думати: «Рятуйте, це щось нове й лячне!»

" "

«ПОЗНАЙОМТЕ МАЛЮКА З РЕШТОЮ ТОВАРИСТВА, ТРИМАЮЧИ ЙОГО НА РУКАХ: ТАК МАЛИЙ ЗМОЖЕ ПРИЗВИЧАЇТИСЯ ДО ОБСТАНОВКИ.

ВИ МОЖЕТЕ ПОДУМАТИ:

«Дивно, зазвичай його не втримаєш... Чому ж він так приліпився до мене зараз?»

Зрозумійте, що попри несподіваність такої поведінки це також знак довіри до вас та бажання мати ваш захист у незнайомому місці. Запитайте себе: а чи дійсно він готовий до самостійности? Насолоджуйтесь його обіймами, доки він набирається духу, щоб долучитись до решти дітей.

ВІН ДУМАЄ:

«Мамо, тримай мене міцно! Я хочу набратися хоробрості, перш ніж іти до інших».

Дослідження показують, що 10—20 % дітей народжуються з більш збудливою нервовою системою і саме тому нервуються за нових обставин. Це не означає, що ваш малюк не матиме друзів, — він просто трішки довше потребуватиме вашого «прикриття».

ЯК РЕАГУВАТИ

Негайно:

Не примушуйте. Обійміть малюка. Не слід казати йому, що він уже дорослий хлопчик (чи дівчинка) і мусить бігти й бавитися, — дайте йому час призвичаїтися.

Допоможіть малюкові помітити, що відбувається довкола. Спрямуйте увагу дитини назовні, вказуючи на якісь цікавинки — хай то іменинний торт на столі чи гра неподалік: щось неодмінно приверне його увагу й захопить достатньо, щоб забути про страхи.

Не називайте малюка «сором'язливим». Зауважте почуття малюка (що йому ніяково на вечірці через її велелюдність), але уникайте називати його сором'язливим, бо це визначення «пристане» до нього надовго. Обійміть його — без запитань та оцінювання.

Похваліть за хоробрість. Коли малюк таки почне роззиратися та викаже бажання долучитися до однолітків, похваліть його. Скажіть, що розумієте, як йому складно, але він дуже хоробрий, тож може доєднатися до решти.

На майбутнє:

Розвивайте навичку взаємодії з людьми. Ідучи кудись, беріть малюка із собою: так він звикне спілкуватися. Покажіть на власному прикладі, як знайомитися.

▶ ПЕРЕГЛЯНЬТЕ ПОВ'ЯЗАНІ ТЕМИ ◀

Сором'язливість с. 62—63
«Дай мою соску» с. 94—95

«Дивись, як я можу!»

Дитина 4—5 років жадатиме, щоб ви звертали увагу на неї й на те, що вона робить. Кожна людина має фундаментальну психологічну потребу у визнанні, але дітям велика кількість позитивної уваги критично необхідна для здорового когнітивного та емоційного розвитку.

Ситуація | **Мала щойно завершила складати свій улюблений пазл.**

ВОНА КАЖЕ:

«Дивись, як я можу!»

ВИ МОЖЕТЕ ПОДУМАТИ:

«У мене роботи — непочатий край. Чому вона знову це мені показує?»

Їй кортить, аби ви прийшли й подивилися негайно. Усі люди мають вроджену потребу у визнанні; це одна з цеглинок, з яких складеться самооцінка.

Не важливо, чи досягнення вашої дитини таке вже нове, — вона все одно хотітиме вашого визнання. Відволікання можуть надокучати, але якщо ви дратуватиметеся чи гніватиметеся, дитина шукатиме вашої уваги поганою поведінкою. Трішки пестощів — це все, що від вас потрібно.

"" ""

«ВАШІ УВАГА, ПОХВАЛА ТА БЕЗУМОВНА ЛЮБОВ — НАЙПОТУЖНІШІ ЧИННИКИ ВПЛИВУ НА ДИТИНУ».

ВОНА ДУМАЄ:

«Будь ласка, не ігноруй мене! Твоє схвалення дійсно важливе для мене!»

Дитина прагне не лише вашої уваги, а й вашого схвалення. Діти інстинктивно відчувають, коли похвала вимушена. Малюк сприйме брак щирости чи уваги (наприклад, «залипання» у телефоні) як відцурання.

ЯК РЕАГУВАТИ

Негайно:

Відволічіться від свого заняття (якщо це безпечно) і приділіть дитині повну увагу — навіть на кілька хвилин. Це втамує її потребу визнання та дасть їй змогу почуватися захищеною та важливою. Якщо ж ви не маєте можливости перерватися, скажіть «я прийду, щойно закінчу...» — та дотримайте свого слова. Можна запропонувати дитині якусь справу, доки ви закінчите.

Відзначайте, коли дитина чинить правильно. Замість відбутися звичайним «як чудово!» відзначте зроблене дитиною: «Яка яскрава головоломка!», «Яка весела картинка!»

Не чекайте на пряме прохання, щоб висловити схвалення. Регулярно приділяючи дитині увагу та помічаючи її дії протягом дня, ви допоможете зміцнити віру в себе і покажете, якої поведінки від неї очікуєте.

На майбутнє:

Уникайте відкладання на кшталт: «Я зайнята, зачекай хвилинку!» — адже є чимала вірогідність, що «хвилинка» розтягнеться, а потім уже й нагода мине. Постійно ігноруючи маля у важливі для нього моменти, ви проб'єте чималу діру в його впевненості та вірі в себе.
Знайдіть рішення, що підійде саме вам. Не завжди потрібно сісти біля дитини та грати з нею. Усе, що їй треба, — ваші увага та визнання; вона також залюбки наслідуватиме вас та повторюватиме те, що робите ви. Насолоджуйтесь спільним часом!

▸ ПЕРЕГЛЯНЬТЕ ПОВ'ЯЗАНІ ТЕМИ ◂

«Ти ніколи не маєш часу!» с. 128—129
«Але ж ти обіцяв!» с. 168—169

«Дай мою соску!»

Смоктання має потужний заспокійливий ефект — саме тому чимало батьків дають дітям соску. Втім, навіть виростаючи, деякі діти складно переживають відлучення від соски та потребують заохочення.

Ситуація | Ваш малюк скоро має піти до садочка, але досі наполягає на смоктанні соски.

ВІН КАЖЕ:

«Дай мою соску!»

ВИ МОЖЕТЕ ПОДУМАТИ:

«Він уже завеликий для соски; з нею він як немовля».

Можливо, ви вдалися до соски як засобу заспокоєння перед сном немовляти чи маленької дитини, але з часом вона також стала засобом заспокоєння протягом дня. Малюк може вважати, що без соски неможливо розслабитися; варто показати йому інші способи контролювати емоції.

«СОСКА ВАШОГО МАЛОГО ВЖЕ ВИКОНАЛА СВОЄ ПРИЗНАЧЕННЯ, І З ВАШОЮ ДОПОМОГОЮ ВІН ГОТОВИЙ НАВЧИТИСЯ ІНШИХ СПОСОБІВ САМОЗАСПОКОЄННЯ».

Соска для дитини — перехідний засіб заспокоєння, який допомагає, коли вас немає поруч. Коли малюкові вже 4 роки, вам може бути ніяково, що він досі смокче соску. Вас може непокоїти, що інші батьки вважатимуть вас ледачими через те, що дозволили йому стати залежним від неї; до того ж це може вплинути на його мовлення та зуби.

ПЕРЕГЛЯНЬТЕ ПОВ'ЯЗАНІ ТЕМИ

«Обійми мене!» с. 90—91
«Де мій ведмедик?» с. 126—127

ВІН ДУМАЄ:

«Соска дає відчуття безпеки. Без неї я не можу заспокоїтися».

У мозку вашого малюка закріпився зв'язок між смоктанням соски та почуттям спокою; це перейшло у звичку. Відлучення від соски може його засмутити, але, якщо його хвалять за дедалі довший час без неї (із супутнім перемиканням його уваги на щось інше), цей стійкий зв'язок буде розірвано.

ЯК РЕАГУВАТИ

Негайно:

Поговоріть з малюком. Розкажіть йому, що він уже досить великий і хоробрий, аби більше не потребувати соски. Деякі діти самі поспішають позбутися звички, що виставляє їх «маленькими».

Запропонуйте альтернативи. Перед тим як забрати соску, покажіть малюкові інші засоби самозаспокоєння: можна заспівати пісеньку, обійняти іграшку, поговорити. Якщо він опирається — рухайтеся потроху, хвалячи та винагороджуючи його за кожну годину, проведену без соски, а також пропонуючи ігри.

На майбутнє:

Відлучайте поступово. Домовтеся з малюком про умови використання соски; поступово скорочуйте цей перелік. Приміром, можна сказати, що соску слід смоктати лише у ліжечку. Потім узагалі приберіть соску з очей.

Винагороджуйте. Попередьте малюка, до якого дня треба зібрати усі соски у коробку та віддати на вторинну переробку, і пообіцяйте, що наступного ранку на нього чекатиме винагорода.

Обережно обирайте час. Відлучайте від соски, коли ви постійно поблизу, щоб заспокоювати малюка. Найкраще підійдуть вихідні або відпустка. Зважайте, що малюк може просити соску ще тижнів зо два.

«Мамо, тобі сумно?»

Як матір, ви звично реагуєте на плачі дитини, коли вона засмучена
чи поранилася, — але вона може заскочити зненацька, уперше прийшовши
втішати вас. Обговорення емоцій допоможе дитині розвинути емоційний інтелект.

Ситуація | **Ваше маля бачить, як ви заливаєтеся сльозами
після тяжкого дня.**

ВОНО КАЖЕ:

«Мамо, тобі сумно?»

ВИ МОЖЕТЕ ПОДУМАТИ:

«Не хочу, щоб мала бачила мене такою. Можливо, не варто плакати при ній?»

Раніше ваша дитина бачила світ лише з власної точки зору — але достатньо підросла, щоб розуміти, що ви також маєте емоції, які залежать від зовнішніх чинників. Тож вона розуміє: сталося дещо, що змусило вас плакати.

❝ ❞

**«РОЗКАЖІТЬ ДИТИНІ,
ЩО СЛЬОЗИ ДОПОМАГАЮТЬ
ВИЛИТИ СМУТОК
І ПОЧУВАТИСЯ КРАЩЕ».**

Дитина вбачає у вас всемогутнього «супергероя», тож вам може бути ніяково проявляти свою вразливість. Однак діти вчаться розуміти емоції від найближчих дорослих. Факт, що маля виказує розуміння ваших почуттів, свідчить про те, що ви хороша мати, яка навчила емпатії.

ВОНА ДУМАЄ:

«Чому матуся засмучена? Я зробила щось погане?»

Дитина може злякатися, побачивши, як ви (якір емоційної стабільності) не можете стримати почуттів. Оскільки діти бачать себе в центрі усього, дитина може вирішити, що причиною сліз є саме вона.

ЯК РЕАГУВАТИ

Негайно:

Будьте відкритими. Сльози — природна реакція на емоційний чи фізичний біль. Не соромтеся плакати в присутності дитини; не кажіть їй, що «плачуть лише немовлята».

Опишіть свої почуття. Не деталізуючи, поясніть причини свого смутку. Використовуйте формулювання «я почуваюся», «мені сумно». Приміром: «Мені сумно, бо я посварилася з подругою. Але я напевне почуватимуся краще після якоїсь гри».

Підбадьорте дитину. Понад усе діти потребують впевненості, що вони в безпеці, що про них подбають і їх любитимуть. Поплакавши, обійміть дитину та всміхніться їй. Дайте дитині чітко зрозуміти, що ви ллєте сльози зовсім не через її слова чи дії.

На майбутнє:

Плекайте емоційний інтелект. Допоможіть дитині розвивати здатність розуміти емоції. У скрутну годину не цурайтесь допомоги інших дорослих: це покаже дитині, що інколи розмова з однолітками дасть змогу почуватися краще.
Обговорюйте й позитивні емоції. Переважно ми зосереджуємося на негативних емоціях. Говоріть з дитиною, коли почуваєтеся щасливою: це допоможе їй належно реагувати на різноманітні емоції, а також зрозуміти, що у житті є розмай почуттів.

ПЕРЕГЛЯНЬТЕ ПОВ'ЯЗАНІ ТЕМИ

«Обійми мене!» с. 90—91
«Мене називають плаксієм!» с. 138—139

«Я зараз вибухну!»

Щоб навчитись опановувати гнів, потрібен час.
Гнів часто виникає з роздратування, страху чи смутку. Деяким дітям потрібно більше допомоги у збереженні самовладання, коли вони розчаровані чи роздратовані.

Ситуація | Малюк втрачає самовладання, коли, терпляче дочекавшись звільнення гойдалки, бачить, як інша дитина влазить на неї без черги.

ВІН КАЖЕ:

«Я зараз вибухну!»

ВИ МОЖЕТЕ ПОДУМАТИ:

«Чому він так завівся? Це ж просто черга на гойдалку!»

Усі батьки мріють, що дитячі істерики припиняться мірою дорослішання малюка, що він навчиться опановувати свої емоції, коли його надії чи очікування не збуваються. Однак деякі діти від народження легше збуджуються, тож їм потрібно більше допомоги дорослих, щоб визначати свої негативні почуття, розуміти, як з ними впоратися, та скоригувати свою поведінку.

Якщо ваш малюк часто втрачає самовладання, ви постійно очікуєте на новий зрив. Вам може бути ніяково перед сторонніми за те, що ваш малий уже мав би перерости дитячі істерики. Вас також може непокоїти, що його гнівливість відлякне потенційних друзів.

«НАВЧІТЬ МАЛЮКА РОЗПІЗНАВАТИ ЧИННИКИ, ЯКІ ВИКЛИКАЮТЬ ЙОГО ГНІВ, І ДАВАТИ ЇМ РАДУ ДО ТОГО, ЯК ВІН ВТРАТИТЬ САМОВЛАДАННЯ».

ВІН ДУМАЄ:

«Нечесно, що хтось влазить без черги! Я такий сердитий — як вулкан перед вибухом!»

Малюк уже знає, що не варто реагувати занадто емоційно, але зараз він у полоні своїх почуттів і не розуміє, як їх опанувати. Тривожна система нижчих відділів його мозку надзвичайно збудлива, тож, коли тіло заполоняють гормони стресу, малюк втрачає самовладання до того, як встигає ввімкнути раціональне мислення. Він лише хоче повернути почуття безпеки та контролю.

ПЕРЕГЛЯНЬТЕ ПОВ'ЯЗАНІ ТЕМИ

«Бо я так сказав!» с. 150—151
«А це приємно» с. 162—163

ЯК РЕАГУВАТИ

Негайно:

Реагуйте як на істерику. Перше, що потрібно зробити, — допомогти дитині заспокоїтися.

Зберігайте спокій. Сердитися на малюка, який сердиться, — це мов підливати бензин у багаття. Зберігайте зоровий контакт та використовуйте прості речення, як-от «усе буде гаразд» чи «дихай глибше».

Запропонуйте обійнятися. Розкажіть дитині, що гніватися — нормально, але варто навчитися контролювати свій гнів.

На майбутнє:

Потренуйтеся разом. Запропонуйте дитині у формі гри вирішити складні ситуації, як-от пропустити когось без черги чи програти. Нехай він запропонує різні способи опанувати себе. Поясніть, що такі незначні подразники — не кінець світу.

Тримайте «батарейки» малого на повному заряді. Перевірте, чи нормально він спить, чи його харчування здорове, чи достатньо він рухається. Без цього організм буде в стресі, і малюка буде простіше вивести з рівноваги.

Допоможіть дитині зрозуміти свої почуття. Зверніть увагу малюка на те, як напружується його тіло, коли він сердиться. Допоможіть йому візуалізувати свій гнів у вигляді вулкану чи петарди, йому буде легше про це говорити.

«Усе одно зроблю!»

Усі діти за природою імпульсивні: вони потребують часу й практики, щоб опанувати свої дії та не робити перше, що спало на думку. Майте терпіння, доки маля вчиться застосовувати «розумові гальма» перед тим, як щось зробити.

Ситуація | Ви кажете доньці не малювати, поки не вдягне фартушка, — однак вона все одно це робить і перемазує фарбами весь одяг.

ВОНА КАЖЕ:

«Усе одно зроблю!»

ВИ МОЖЕТЕ ПОДУМАТИ:

«Чому вона ніколи не слухає, коли її просиш чогось не робити?»

Діти вчаться самоконтролю з ваших підказок та чималої практики. Дитина також вчиться того, що її поведінка має наслідки. Утім, навичка контролювати бажання може розвиватися повільно. Хоча поступ очевидний, їй це не завжди вдається — надто коли вона захоплюється.

Коли ви чітко кажете дитині не робити чогось — вас може дратувати, що вона ніби навмисно вас ігнорує. Вам може діяти на нерви її нездатність виконувати чіткі вказівки та бажання зробити по-своєму.

«ДІТЯМ ВЛАСТИВА ІМПУЛЬСИВНІСТЬ. ДОПОМОЖІТЬ ЇМ ЗБЕРЕГТИ СВОЮ ПРИРОДНУ ДОПИТЛИВІСТЬ, ВОДНОЧАС НАВЧИВШИСЬ ДОТРИМУВАТИСЯ ПРАВИЛ».

ВОНА ДУМАЄ:

«Мені так подобається малювати! Скоріш би почати — хоча мама й просила не робити цього».

У такому віці частина мозку, що відповідає за мислення та планування, постійно розвивається. Це «очільник» мозку вашої дитини, що допомагає їй ухвалити остаточне рішення: робити чи не робити. Інколи емоційний чи фізичний потяг зробити щось буває настільки потужним, що це переважує логіку та аргументи. Утім, з часом «очільник» набуде більшого контролю.

ПЕРЕГЛЯНЬТЕ ПОВ'ЯЗАНІ ТЕМИ

«Я сама!» с. 38—39
«Дивись, як я можу!» с. 92—93

ЯК РЕАГУВАТИ

Негайно:

Дайте відчути наслідки. Встановіть кордони та обґрунтуйте їх важливість. Замість розсердитися, коли дитина ці кордони порушить (що просто запустить у неї реакцію «бийся або тікай» і їй буде важче зрозуміти ваші слова) покажіть їй прямі й негайні наслідки, щоб вона вчилася розуміти причинно-наслідкові зв'язки. Приміром, «ти не захотіла чекати, доки я принесу фартушок, — тепер мусиш чекати довше, доки ми тебе перевдягнемо».

Нехай повторить вказівку. Якщо дитина, здається, думками деінде — перевірте, чи вона зрозуміла ваше прохання: «Будь ласка, повтори, що я щойно сказала».

На майбутнє:

Майте терпіння. Замість дратуватися чи порівнювати малу з іншими дітьми, які, на вашу думку, поводяться більш чемно, пригадайте, що деякі діти є імпульсивнішими від природи. Змиріться з тим, що вашій дитині може знадобитися більше часу та зусиль для опанування імпульсів.

Розкажіть, як контролюєте свої імпульси ви. Розповідайте дитині, що допомагає вам не поспішати втілювати в життя першу-ліпшу ідею. Приміром, скажіть: «Мені хочеться почитати книжку, але спершу я приберу в кімнаті, щоб тут було приємно сидіти».

Поясніть дитині, як працює її мозок. Поясніть, що в неї є «нижній мозок», який підбурюватиме її негайно робити усе, що спало на думку, і є «вищий мозок», який допомагає ухвалювати зважені рішення.

«Це так смішно!»

Один з найкращих способів зблизитися з дитиною та прикрасити життя родини — сміятися разом. Почуття гумору зробить вашого малюка щасливішим, оптимістичнішим та емоційно стійкішим у радощах і сумі дитинства, а також підвищить самооцінку.

Ситуація | Навіть коли ви робите хатні справи, малюк залюбки переповідає вам жарти, аби ви посміялися.

ВІН КАЖЕ:

«Це так смішно!»

Здатність жартувати — важлива віха. Зрозумівши, що є нормальним, малюк починає розуміти жарти, що зображують абсурдний світ, персонажі якого кажуть чи роблять щось несподіване. Заохочення дитячого гумору зміцнить зв'язок між вами. Почуття гумору також допоможе малюкові знаходити й підтримувати дружбу, коли він підросте.

" "

«СМІХ ПОЗИТИВНО ВПЛИВАЄ НА СТАН МАЛОГО, А ГУМОРУ МОЖНА НАВЧИТИ ГРАЮЧИ».

▶ ПЕРЕГЛЯНЬТЕ ПОВ'ЯЗАНІ ТЕМИ ◀

«Мені так добре з тобою!» с. 108—109
«Коли я був маленьким...» с. 114—115

ВИ МОЖЕТЕ ПОДУМАТИ:

«О ні, знову той самий жарт!»

ВІН ДУМАЄ:

«Мені так приємно, коли вдається розсмішити татка!»

Будуть часи, коли ви втомитеся від повторюваних малюком жартів. Утім, уміння обігрувати безглузді ідеї (як-от корова, що стукає у двері, чи кури, що переходять дорогу за правилами) — новинка для малюка, тож втішайте себе тим, що його жарти виказують любов до взаємодії з вами.

Гумор вказує, що малюк обробляє слова жарту лівою півкулею, а те, що робить ситуацію комічною, — правою. Він також засвоює послідовність подій, а тому віддає перевагу жартам із сильним фіналом.

ЯК РЕАГУВАТИ

Негайно:

Підіграйте. Шукайте смішне у маленьких негараздах, як-от розлитий сік, щоб проведений разом час був на радість вам обом.

Віджартовуйтесь. Зрозумійте, які жарти здаються малому смішними, та розповідайте йому такі самі. Якщо ви спробуєте розповісти йому надто складний жарт — це лише спантеличить малюка.

На майбутнє:

Якщо ви проявите зніяковіння чи відразу, це підкріпить ідею, що такі жарти є табуйованими, та лише посилить їх привабливість для малого.

Відстежуйте розвиток. Гумор дитини розвивається: спершу гра в «ку-ку!», пізніше — грубий фарс, ще пізніше — нісенітниці, і нарешті — гра слів (приблизно в семирічному віці). Те, з чого сміється ваш малюк, підкаже вам, як розвивається його мозок.

Частіше жартуйте. Сміх активує центри винагороди у мозку, покращує імунітет, а також знижує стрес!

«Можна пані Жирафа обідатиме з нами?»

Маленькі діти грають в ігри на уяву і розмовляють зі своїми ляльками та іграшковими звірятами, ніби вони живі. Близько 40 % малят розвивають цю гру, вигадуючи собі невидимого друга. Найчастіше це відбувається, коли в родині тільки одна дитина чи коли у віці дітей значна різниця.

Ситуація | Ваша дитина щоразу просить виділити місце за столом для свого уявного друга.

ВОНА КАЖЕ:

«Можна пані Жирафа обідатиме з нами?»

ВИ МОЖЕТЕ ПОДУМАТИ:

«Це взагалі нормально — мати уявного друга?»

Шукаючи сферу життя, де вона матиме вплив, дитина може вирішити, що непогано б вигадати собі друга, з яким можна грати у що завгодно і який погодиться на будь-який сценарій.

Вас може непокоїти, що дитина почувається самотньо, якщо вже вона мусить вигадувати друзів, — але це цілком нормально. Такий друг (або невидимий, або втілений у певний предмет, як-от пані Жирафа) дає нагоду розвивати уяву, говорити про почуття, пропрацьовувати свої тривоги та здійснювати контроль.

◄ ПЕРЕГЛЯНЬТЕ ПОВ'ЯЗАНІ ТЕМИ ►

«Де мій ведмедик?» с. 126—127
«Це не я!» с. 142—143

ВОНА ДУМАЄ:

«Мені подобається грати з пані Жирафою! А ще на неї можна перекласти провину за те, що я поводжуся нечемно».

Мала знає, що її друг існує лише в уяві, але намагається якнайбільше залучати його до реального світу. Це чудово працює, надто коли його можна зробити співучасником у тому, чого дитина не мала б робити.

ЯК РЕАГУВАТИ

Негайно:

Підіграйте. Приміром, попросіть дитину посадити пані Жирафу обідати в дитячій. Це допоможе провести межу між реальним і уявним світами.

Не дозволяйте перетворювати уявного друга на цапа-відбувайла. Якщо дитина перекладає на пані Жирафу провину за свою поведінку, — можливо, ви надто суворі до дитини і вона просто боїться брати на себе відповідальність.

На майбутнє:

Допоможіть дитині знайти справжніх друзів. Нехай собі бавиться з пані Жирафою — але влаштовуйте для неї й ігри з іншими дітьми, щоб донька мала справу зі справжніми однолітками та розвивала вміння домовлятися, поступатися й веселитися.

Дослухайтеся. Діти часто змушують уявних друзів вдовольняти їхні незадоволені потреби та виконувати бажання, які їм складно пояснити дорослим.

Пам'ятайте, що це лише стадія розвитку. Більшість уявних друзів втрачають актуальність до 7—8 років, разом з іншими іграми на уяву.

Переїзд

Домівка для маленької дитини — цілий світ, тож може бути нестерпно бачити, як її розбирають на складові. Подивіться на переїзд очима малюка, і ви зрозумієте, як допомогти йому швидше освоїтися в новій оселі.

Батьки часто чують, що переїзд — стресова подія. Деякі діти (залежно від віку, характеру та обставин) можуть сприймати його як цікаву пригоду; інші ж розглядатимуть полишення старої домівки як втрату звичного життя.

Те, що відбувається, може спантеличити дітей, якщо ви не пояснюватимете. Приміром, вони можуть не розуміти, що можна забрати усі свої речі

з собою чи що хатні улюбленці переїжджають разом з вами. Їх може тривожити, що знайомі речі, з якими вони виросли, зокрема іграшки, ховають у великі коробки. Старші діти хвилюватимуться через зміну дитсадка чи школи та необхідність шукати нових друзів. Знайдіть трохи часу, щоб підказати малюкові, чого очікувати, та спростити цей досвід для усієї родини.

> **«ПОЯСНІТЬ, ЩО ДОМІВКА — ЦЕ НЕ БУДІВЛЯ, А ЛЮБОВ ТА ЩАСТЯ, ЩО ЇЇ НАПОВНЮЮТЬ».**

1

Підготуйте дитину. Візьміть дитину на оглядини нової домівки та поясніть, що ви переїжджаєте назавжди. Розкажіть про переїзд, щоб дитина зрозуміла, що ви тепер житимете в цьому місці, а не просто приїдете туди на канікули.

4

Заохочуйте планування майбутнього. Щоб малюк впевненіше почувався в новій домівці, запропонуйте йому ухвалити якнайбільше рішень щодо її облаштування, якщо вас влаштовують усі варіанти: хай це буде колір стін нової дитячої чи дотепна назва для нового житла.

6

Попросіть про допомогу з дитиною на день переїзду. Переїзд — це стрес для всіх, тож попросіть когось із близьких друзів чи родичів кудись зводити малюка, коли ви прибудете на місце. В іншому разі малий почуватиметься покинутим чи плутатиметься під ногами, доки ви розпаковуєте речі.

ВАРТО СПРОБУВАТИ

8 основних принципів

2

Поясніть, навіщо пакувати речі. Якщо ви мовчки збиратимете іграшки малюка, він може вирішити, що вони зникнуть чи що ви викидаєте їх. Поясніть, що складаєте іграшки, щоб перевезти їх на нове місце, і що він скоро знову їх побачить.

3

Попросіть дитину допомогти. Незалежно від віку дитина вбачає в переїзді рішення, ухвалене дорослими. Допоможіть їй відчути контроль над ситуацією, попросивши допомогти з пакуванням речей — приміром, поскладати усі свої улюблені речі до спеціальної коробки. Дозвольте дитині малювати та писати на коробках: це нагода залучити її до справи, а також показати їй, що там всередині.

5

Спакуйте речі з дитячої останньою чергою, а розпакуйте їх першими. Опинившись у новій домівці серед своїх звичних речей, дитина почуватиметься безпечніше. Завантажуйте коробки з дитячої до вантажного фургона останніми, щоб одразу дістати їх після прибуття.

7

Зберігайте оптимізм. Навіть якщо переїзд стався внаслідок втрати роботи чи розлучення, зберігайте оптимізм: діти легко зчитують і переймають почуття батьків. Якщо ви не журитиметеся, не журитиметься й дитина.

8

Зберігайте звичний розпорядок. Передбачуваність допоможе дитині почуватися вдома, тож дотримуйтесь звичного розкладу купання та вкладання спати одразу після переїзду. Це покаже малюкові, що хай там які зовнішні зміни відбуваються, бодай це лишиться незмінним.

АДАПТОВАНІ ПОРАДИ

За віком

2–3
РОКИ

Влучний момент
Відкладайте пояснення до останнього, але надайте їх до того, як пакуватимете речі: так дитині не доведеться довго жити з почуттям непевності.
Уникайте перевантажень
Відкладіть інші зміни (наприклад, висаджування на горщик), доки малюк обживеться на новому місці. Проявіть розуміння, якщо станеться регрес (приміром, дитина знову їстиме з пляшечки).

4–5
РОКІВ

Пограйте в переїзд
Допоможіть дитині зрозуміти суть майбутніх змін, побавившись із нею в переїзд іграшковими вантажівками. Стару та нову домівки можна представити ляльковими будиночками.
Сюжети казок
Є чимало книжечок про переїзд; вони допоможуть дитині зрозуміти процес.

6–7
РОКІВ

Те саме, але в іншому місці
Якщо ви переводите дитину до іншої школи — заздалегідь влаштуйте їй оглядини, підкресливши, що там навчатимуть тих самих речей.
Нові друзі
Попросіть представників школи влаштувати знайомство з майбутніми однокласниками через спільну гру, щоб дитина менше нервувала в перший день навчання.

«Мені так добре з тобою!»

Батьки — найважливіші люди в житті дитини, тому вона почувається найбезпечніше, коли здобуває вашу повну увагу. Ці тихі моменти разом, коли ніщо не відволікає, можуть стати вашими найціннішими спогадами.

Ситуація | Ви йдете з дитиною, тримаючись за руки.

ВОНА КАЖЕ:

«Мені так добре з тобою!»

Дитина має біологічну потребу, щоб про неї дбали. Коли цю потребу задоволено, формується здорова приязнь. Донедавна дитина показувала, що з вами їй безпечно, просячи обіймів. Тепер вона починає розуміти концепцію любові, почувши про неї безліч разів від вас, — і вона достатньо доросла, щоб висловити вам свої почуття у відповідь.

ПЕРЕГЛЯНЬТЕ ПОВ'ЯЗАНІ ТЕМИ

«Ти ніколи не маєш часу!» с. 128—129
«Але ж ти обіцяв!» с. 168—169

ВИ МОЖЕТЕ ПОДУМАТИ:

«Такий особливий момент! Ось вона, радість батьківства».

ВОНА ДУМАЄ:

«Мені безпечно й радісно. Мені так добре, коли мама проводить час лише зі мною!»

Прагнення бути поруч з вами — природнє бажання дитини, доки вона навчиться більшої самостійності. Інколи непросто бути центром усесвіту своєї дитини, але її прагнення бути поруч є ознакою здорової приязні.

Попри те що дитина вже нерідко показує свою самостійність, вона досі потребує підзарядки, тримаючи вас за руку. У такі затишні моменти мозок дитини виробляє гормони щастя, що також зміцнює ваш зв'язок.

ЯК РЕАГУВАТИ

Негайно:

Добра відповідь. Відповідайте з такою самою любов'ю, щоб показати дитині, як ви цінуєте її спонтанний вияв почуттів. Не відповідайте жартома або з сарказмом — так дитина зніяковіє через свою відвертість.

Цілковита увага. Будьте повністю в моменті, коли ви з дитиною, та уникайте спокуси поринути у смартфон — інакше вона вважатиме, що інші люди для вас важливіші.

Зауважуйте позитивні почуття. Коли ви помітили, що дитині радісно, скажіть їй про це: так вона знатиме, що ви звертаєте увагу на її почуття не тільки тоді, коли вона засмучена.

На майбутнє:

Зоровий контакт. Коли дитина просить обійняти її чи пограти з нею, дивіться їй в очі та слухайте уважно. Так вона освідчується в любові до вас.

Створюйте можливості. Сьогодні батьки мають більше справ, аніж будь-коли, тож знаходьте час просто побути з дитиною — і це створить можливості для емоційно насичених моментів.

«Чому небо блакитне?»

Дедалі більше пізнаючи довколишній світ, діти намагаються розібратися у своїх відкриттях. Ваші відповіді на їхні численні запитання розширюють їх розуміння та заохочують допитливість.

Ситуація | Малюк без упину завалює вас запитаннями про навколишній світ, поки ви намагаєтеся приготувати обід.

ВІН КАЖЕ:

«Чому небо блакитне?»

ВИ МОЖЕТЕ ПОДУМАТИ:

«Як же це дратує! Я не знаю відповідей на усі запитання! Чи це колись скінчиться?»

У цьому віці дитячий мозок вдвічі активніший за дорослий, а словниковий запас уже перевалив за дві тисячі. Це розширює здатність малюка ставити запитання, і він може буквально засипати вас ними (до 76 запитань на годину!), адже вважає, що ви маєте всі відповіді.

«Бомбардування» не пов'язаними між собою запитаннями може бути виснажливим. Батьки намагаються задовольнити цікавість своїх малих, проте така кількість запитань може дратувати. Цілком нормально сказати: «Я не знаю, але з'ясуймо разом».

> **«ВАШІ ТЕРПІННЯ ТА ЗАОХОЧЕННЯ ДОПОМОЖУТЬ «ЧОМУЧЦІ» РОЗВИНУТИ ЖАГУ ДО НАВЧАННЯ НА ВСЕ ЖИТТЯ».**

ВІН ДУМАЄ:

«Я дізнаюся стільки нового... хочу знати ще більше!»

Діти прагнуть дізнатися якнайбільше: адже світ такий цікавий! Мозок дитини намагається поєднати уривки інформації, яку вже має. Така допитливість сприяє формуванню нових нейронних зв'язків, тож відповіді на запитання ускладнюють структуру дитячого мозку. Цей вік — чудовий час навчити малюка підтримувати діалог.

ЯК РЕАГУВАТИ

Негайно:

Спиніться й послухайте. Нерідко діти повторюють те саме запитання, якщо не отримали відповіді, що вдовольнила б їхню цікавість. Ця відповідь не мусить бути складною. Приміром: «Чому собаки волохаті?» — «Щоб не мерзнути».

Заохочуйте допитливість. Відповідайте на запитання заохочувальним тоном, який покаже малюкові, що ви щиро бажаєте допомогти йому розібратися, а не хочете, щоб він сидів мовчки. Хваліть його за жагу знань.

З'ясуйте причину запитання. Дослідження показують, що зазвичай діти справді хочуть отримати відповідь. Але якщо дитина ставить запитання лише для того, щоб уникнути чогось, що робити не хочеться (приміром, прибирання), скажіть: «Чудове запитання! Я відповідатиму, а ти поки позбирай шматочки пазлу».

На майбутнє:

Стимулюйте мислення. Якщо малюк запитає про колір неба, перепитайте: а чому він вирішив, що воно саме такого кольору? Навіть якщо він просто перебиратиме відповіді, це активізує роботу дитячого мозку.

Поясніть, що не на кожне запитання існує відповідь. Якщо малюк поставить серйозніше запитання, приміром «що буде, коли ми помремо?», поясніть, що є безліч різних варіантів і що інколи немає «правильної» відповіді.

ПЕРЕГЛЯНЬТЕ ПОВ'ЯЗАНІ ТЕМИ

«Це так смішно!» с. 102—103
«Коли я був маленьким...» с. 114—115

«Але я не чула!»

Одне з найсильніших джерел роздратування для батьків — необхідність повторювати безліч разів, щоб дитина зробила, як сказано. Змінивши спосіб висловлювання, ви можете зробити дитину поступливішою без криків та бурчання.

Ситуація | Вечеря на столі, але дитина досі бавиться у садку біля будинку — попри те що ви вже кілька разів прокричали: «Час до столу!»

ВОНА КАЖЕ:

«Але я не чула!»

ВИ МОЖЕТЕ ПОДУМАТИ:

«Як же остогидло повторювати! Здається, вона слухає мене, лише коли схоче».

Діти цього віку зосереджуються на чомусь одному. Коли дитина поринає у щось із головою, її мозок відсікає усі сигнали, що прямо не пов'язані з цією діяльністю. Тож вона може чути ваші крики, але не розбирати слова та смислові значення.

Вам може здаватися, що дитина навмисно вас ігнорує; ви сердитеся, що вона ніби заповзялася ускладнювати вам життя. Це дратує менше, коли ви знаєте, що дитина, найімовірніше, потребує допомоги, аби «змінити хвилю», чи що вам слід висловитися ясніше.

« »

«ЯКЩО ДИТИНА НЕ ЧУЄ, НЕ КРИЧІТЬ ІЩЕ ГОЛОСНІШЕ — ЗАЛУЧАЙТЕ ЇЇ ДО ВЗАЄМОДІЇ».

ПЕРЕГЛЯНЬТЕ ПОВ'ЯЗАНІ ТЕМИ

«Усе одно зроблю!» с. 100—101
«Не хочу прибирати!» с. 148—149

ВОНА ДУМАЄ:

*«Мені так весело!
Пограю
ще трохи!»*

Якщо ж дитина не поринула у свою справу з головою, можливо, не реагувати — її свідомий вибір. Приміром, вона може думати, що коли ваше прохання звучить як запитання — реагувати не обов'язково; або ж, якщо ви постійно все повторюєте, — вважати, що варто слухати, тільки коли ви розсердитеся.

ЯК РЕАГУВАТИ

Негайно:

Висловлюйтеся чітко. Замість запитань на кшталт «чи не могла б ти підійти?» (які дають дитині ілюзію вибору) просто скажіть, чого ви від неї хочете. Приміром: «Вечеря готова, час іти до столу!»

Стиште голос. Крик може викликати в дитини реакцію «бийся або тікай»; у такому стані вона менш здатна осмислити ваші слова та вчинити відповідно. Хай ваш голос звучить спокійно, але твердо.

Встановіть зоровий контакт. Присядьте, аби ваші очі були на одному рівні.

На майбутнє:

Заручіться підтримкою дитини. Не критикуйте дитину за те, що «ніколи не слухає», — натомість апелюйте до її бажання співпрацювати. Зазначте, що ви розумієте її бажання грати, але нагадайте, що треба повечеряти, бо інакше вона буде голодною.

Почніть зворотний відлік, щоб показати, що скоро настане час закінчувати. Таке попередження допоможе перемкнути увагу.

«Коли я був маленьким…»

Центри пам'яті у мозку малюка розвиваються, але, зростаючи, він не обов'язково пам'ятатиме усі події, які пригадує зараз. Але навіть попри те, що він дещо позабуває, обмін спогадами допоможе йому зміцнити самовпевненість та сформувати власне бачення світу.

Ситуація | Малюк здивував вас, пригадавши подію, що сталася минулого літа, коли йому було три рочки.

ВІН КАЖЕ:

«Коли я був маленьким…»

ВИ МОЖЕТЕ ПОДУМАТИ:

«Я вважала, що він давно забув про це».

Хоча малюк іще пам'ятає події тієї відпустки, не факт, що він пригадає їх за якийсь час. Дослідження показали, що діти мають «прокачати» мовленнєві навички, перш ніж зможуть формувати довготривалі спогади. Зараз же малюк може просто пригадувати окремі епізоди, але без контексту: де це сталося і як він почувався.

Дорослі майже не пам'ятають подій свого раннього дитинства; ця «дитяча амнезія» — необхідний етап розвитку. Тож тіштеся, що малюк поки ще пригадує ваші милі моменти разом; він потребує цього, щоб відчувати любов та безпеку.

« ”

«ДОПОМАГАЙТЕ МАЛЮКОВІ ПРИГАДУВАТИ ЯК ХОРОШІ, ТАК І СКЛАДНІ ЧАСИ: ЦЕ ДОПОМОЖЕ ЙОМУ ДОХОДИТИ ВИСНОВКІВ З МИНУЛОГО Й ПРОГНОЗУВАТИ МАЙБУТНЄ».

ВІН ДУМАЄ:

«Я справді особистість, бо маю спогади».

За загальним правилом, що старшим стає малюк — то більше він запам'ятовуватиме. Нехай нинішні спогади не залишаться з ним назавжди, вони допоможуть сформувати його самосприйняття та розуміння свого місця в сімейній ієрархії. Навіть пригадуючи події минулого місяця, малюк усе одно казатиме, що вони відбулися, «коли він був маленьким».

ЯК РЕАГУВАТИ

Негайно:

1

Дослухайтесь до спогадів малюка. Будьте уважні та ставте уточнювальні запитання: про що він думав? що відчував? Така взаємодія допоможе малюкові почуватися важливим, а також підтвердити власне розуміння подій.

2

Заповніть прогалини. Покажіть малюкові світлини та перекажіть події так, ніби то історія, яка з ним трапилася. Це допоможе йому зрозуміти послідовність, що сприятиме розвитку логічного мислення та розумінню причинно-наслідкових зв'язків.

На майбутнє:

Нагадуйте про цікавинки. Діти найкраще запам'ятовують те, що їх вразило найбільше. Приміром: «Пам'ятаєш, як ми їздили до піратських печер?» або: «А в кого чайка вкрала морозиво?»

Дайте спогадам контекст. Людській пам'яті властиво зосереджуватися на негативних спогадах. Якщо малюк пригадує переважно подібні випадки (приміром, згадує, як він на відпочинку впав з велосипеда), нагадайте про веселі моменти з тієї самої подорожі, щоб його картина світу була врівноваженою.

Зверніть увагу на досягнення дитини. Нагадайте про час, коли малюк лише вчився їздити на велосипеді, та зверніть увагу, як вправно ганяє на ньому зараз.

► ПЕРЕГЛЯНЬТЕ ПОВ'ЯЗАНІ ТЕМИ ◄

«Мамо, тобі сумно?» с. 96—97
«Чому небо блакитне?» с. 110—111

«Я здаюся!»

Стресостійкість допомагає долати труднощі та оговтуватися після розчарувань. Для розвитку цієї навички дитина мусить пробами і помилками визначити свої здібності, а також зрозуміти, що наполегливість і врахування попередніх помилок допомагають вдосконалюватися.

Ситуація | Дитина намагається склеїти дві коробки, щоб зробити макет. Коли в неї не виходить, вона тікає у розпачі.

ВОНА КАЖЕ:

«Я здаюся!»

Бажання захистити дитину від труднощів та стресу є природним, але дітям потрібно лишати можливість долати труднощі самотужки, щоб вони навчилися розв'язувати проблеми та відновлювати рівновагу без вашої допомоги.

ВИ МОЖЕТЕ ПОДУМАТИ:

«Дитина мусить навчитися наполегливості, але так прикро бачити її у розпачі».

Вам захочеться втрутитись, адже тяжко бачити дитину в такому невтішному стані. Ви хотітимете уникнути її зриву, який стане стресом і для вас. Попри це дозвольте їй закінчити справу самостійно: так ви покажете віру в неї й у те, що вона здатна впоратися без сторонньої допомоги.

ПЕРЕГЛЯНЬТЕ ПОВ'ЯЗАНІ ТЕМИ

«Я молодець?» с. 164—165
«Хочу зробити бездоганно!» с. 172—173

ВОНА ДУМАЄ:

«Коли вже дорослі мусять втручатися – значить, я не здатна зробити це самостійно».

Замість насолоджуватися процесом дитина вважатиме, що є лише один спосіб впоратися. Постійно втручаючись, ви даєте дитині зрозуміти, що їй це не під силу. Дайте їй можливість попрактикуватися, розвиваючи стресостійкість та наполегливість.

ЯК РЕАГУВАТИ

Негайно:

Скоригуйте підхід. Запропонуйте дитині та подумати про інші способи склеювання коробок або ж творчо переосмислити макет замість намагатися скопіювати зразок.

Покажіть дитині її прогрес. Нагадайте про речі, які дитині спершу не вдавалися, а зараз вдаються чудово (приміром, малювання). Запевніть її, що, потренувавшись, вона опанує й інші саморобки.

На майбутнє:

Не заважайте. Батьки, які «стоять над душею» та втручаються щоразу, коли в дитини щось не виходить, переконують її, що самостійно їй не впоратися. Відступіться.

Надайте дитині безліч можливостей для гри. Впевненість приходить до дітей разом зі вправністю. У цьому віці вправність набувається через ігри, наближені до реального життя, які дитина обирає самостійно.

Заохочуйте кроки у правильному напрямку. Хваліть дитину, щоб показати їй, що ви помітили її хай невеликий, але поступ. Похваліть гнучкість її мислення та наполегливість, щоб вона не почувалася невдахою, не досягнувши «ідеального» результату.

«Я боюся темряви»

Мірою того як фантазія розправляє крила,
а знання навколишнього світу поглиблюються,
у 4- та 5-річних дітей з'являються страхи,
які дорослим здаються безглуздими.
Один із найпоширеніших —
страх темряви.

Ситуація | **Малюк відмовляється йти спати, бо боїться, коли в кімнаті вимикають світло.**

ВІН КАЖЕ:

«Я боюся темряви».

ВИ МОЖЕТЕ ПОДУМАТИ:

«Там немає нічого страшного. Мабуть, він шукає відмовки чи змагається за мою увагу».

Страх темряви мають близько половини дітей цього віку. Хоча сучасним батькам він ніяк не допомагає, колись цей страх відігравав важливу еволюційну роль: у віці, коли діти стають більш допитливими та здібними до пізнання світу, саме він не давав їм вирушити кудись уночі, ризикуючи заблукати чи, що гірше, стати вечерею хижаків.

Зазвичай цей страх минає за кілька місяців. Не варто відмахуватися від страхів малюка та списувати їх на прагнення уваги, а надто гніватися: це лише посилить його страхи.

«ДІТИ МОЖУТЬ НАВЧИТИСЯ (ЗА ДОПОМОГОЮ ДОРОСЛИХ) ДОЛАТИ СВОЇ СТРАХИ НЕЗНАНОГО ТА ЗАСПОКОЮВАТИСЯ».

ВІН ДУМАЄ:

«Якщо мені знадобиться матуся чи татко, я не зможу знайти їх у темряві».

Темрява видається малюкові чорною дірою, що може його поглинути. Його страх реальний, адже темрява не дає йому бачити звичні речі та обстановку, які переконують, що він у безпеці. Ба більше, тривожність змусить його дослухатися до кожного скрипу в домі та звуків надворі.

ЯК РЕАГУВАТИ

Негайно:

Розпитайте. З'ясуйте, чого саме боїться малюк; попросіть його розповісти про свої почуття. Підсумуйте сказане ним, щоб він бачив, що його почули та зрозуміли. Давши визначення своїм страхам, він почуватиметься впевненіше.

Зробіть дитячу кімнату прихистком. Кімната малюка має сприйматися як безпечне місце; ніколи не перетворюйте її на «в'язницю» для відбуття покарання. Дотримання ритуалів вкладання спати створює впевненість. Прочиніть двері, щоб між вами було менше перепон, — це може заспокоїти малюка.

Доберіть освітлення. Придбайте нічник, можливо у вигляді симпатичного звірятка. Нічник допоможе малому почуватися в безпеці, а також м'яко освітлюватиме кімнату, щоб він міг бачити звичні речі та почуватися впевненіше.

На майбутнє:

Перевірте екранну історію. Поцікавтеся, чи малюк не бачив, як ваші старші діти чи друзі родини грають у відеоігри, призначені для старшого віку? Можливо, він побачив фільм жахів або почув страшну історію? Інколи уривок випуску новин також може викликати страхи.
Допоможіть змінити сюжет. В іншу пору доби (не перед сном!) почитайте малюкові казку, де він буде головним героєм, що долає свій страх, — страх монстра чи темряви.

▶ ПЕРЕГЛЯНЬТЕ ПОВ'ЯЗАНІ ТЕМИ ◀

«Проблеми сну» с. 74—75
«Мені наснився страшний сон» с. 140—141

«Знаєш, що вона зробила?»

Батьки заохочують дітей розрізняти правильне і неправильне.
Утім, деякі діти поводяться як самопризначені «поліцейські»,
не усвідомлюючи, що однолітки не люблять ябед.

Ситуація | Донька постійно жаліється вам, що подруга не закриває клей кришечкою, коли вони разом роблять аплікації.

ВОНА КАЖЕ:

«Знаєш, що вона зробила?»

Дитина цього віку вже знає від вас та інших дорослих, що правильно, а що ні. Вона також потребує вашого схвалення і вважає, що знати усі правила та наглядати за їх виконанням від вашого імені — це певний шлях його отримати.

ВИ МОЖЕТЕ ПОДУМАТИ:

«Нащо вона доповідає про кожну дрібницю? Однолітки її не дуже за це любитимуть».

Перед вами складний вибір.
З одного боку, вас тішить, що дитина сприймає встановлені вами правила всерйоз; з другого — вас дратує, коли кличуть розсудити кожну дрібничку. Вас може непокоїти ця ситуація, адже ви розумієте, як це дратує інших дітей.

"

«ДОПОМОЖІТЬ ДИТИНІ НАВЧИТИСЯ РОЗРІЗНЯТИ, КОЛИ ЗВЕРТАТИСЯ ПО ДОПОМОГУ ДОРОСЛИХ, А КОЛИ ВИРІШИТИ ПИТАННЯ З ОДНОЛІТКАМИ».

ВОНА ДУМАЄ:

«Я допомагаю дорослим, звертаючи їхню увагу, коли інші поводяться неправильно!»

Дитина може шукати вашої уваги та схвалення. Можливо, вона хоче покарати подружку за те, що та не грає за її правилами, і сподівається заручитися підтримкою дорослого. Чи, можливо, вона поборниця правил; чи просто не знає, як вчинити, коли гра з іншою дитиною «не клеїться».

ЯК РЕАГУВАТИ

Негайно:

Зрозумійте мотиви дитини. Чи дійсно її непокоїть лише порушення правил? Чи вона шукає вашої уваги та схвалення? Якщо ви підозрюєте останнє, скажіть: «Мене більше цікавить, чого ти хочеш досягти».

Допоможіть дитині зрозуміти різницю. Поясніть, що донос — це коли вона хоче, щоб іншу дитину покарали, а звернення по допомогу — це коли інша дитина робить щось небезпечне для себе чи інших.

Дайте дитині орієнтири. Запропонуйте дитині поставити собі кілька запитань, перш ніж звертатися до дорослих: «Чи хтось у небезпеці? Чи хтось плаче?» Якщо відповідь негативна, порадьте їй дати іншим дітям самостійно розібратися зі своїми справами.

На майбутнє:

Не заохочуйте доноси. Якщо ваша дитина дістає підтримку, коли поспішає виказати іншого малюка (зокрема, у суперечках з братом чи сестрою), вона вирішить, що доносити — це добре, та чинитиме так частіше.

Допоможіть дитині зрозуміти, як це сприймають інші. Поясніть, що інші діти не хотітимуть з нею грати, не бажаючи постійно боятися доносу. Допоможіть дитині розібратися, коли варто покликати дорослого на допомогу, пояснивши це на прикладах.

◀ ПЕРЕГЛЯНЬТЕ ПОВ'ЯЗАНІ ТЕМИ ▶

«Мене називають плаксієм!» с. 138—139
«А тебе я не запрошую» с. 152—153

Подорожі автівкою

Подорожі можуть стати для дітей неабияким випробуванням: не так уже й просто довго сидіти на місці, коли енергії через край. Розуміючи, на якій стадії розвитку ваш малюк, ви зробите поїздки приємним досвідом для всієї родини.

Маленькі діти ще не зовсім розуміють таку абстрактну категорію, як час, і скільки тривають певні його проміжки. Це може призвести до постійних перепитувань: «Ми вже приїхали? А тепер?» Вони також не розуміють співвідношення часу й відстані — тому їм складно уявити, скільки ще доведеться сидіти зафіксованими у дитячих сидіннях.

Утім, замість сприймати подорожі як кару, яку треба перетерпіти, їх можна перетворити на чудову нагоду для батьків та дітей розслабитися і розважитися разом.

Марно очікувати, що будь-яка подорож мине без проблем, — все ж таки малята лише вчаться контролювати свої імпульси й бути терплячими. Додайте брата чи сестру — і матимете невгамовність та суперечки, що можуть виникнути на рівному місці. Отже, ретельна підготовка допоможе знизити стрес та зробити подорож приємною.

1

Заздалегідь подбайте про смаколики й розваги. Поцікавтесь у малюка, що він хотів би взяти з собою, аби не нудьгувати. Це можуть бути аудіозаписи улюблених книжок чи пісень, робочі зошити, карти.

4

Поговоріть про паски безпеки. Деякі діти дуже не люблять, коли їх пристібають до сидіння, — але тут не може бути компромісів. Поясніть дитині, що паски безпеки захищатимуть її в разі транспортної пригоди. Вам можуть стати у пригоді ігри в подорожі, де діти зможуть розказати своїм іграшкам, чому потрібно пристібатися.

6

Не покладайтеся на ґаджети. Встановіть обмеження, інакше малюк може вирішити, що йому завжди даватимуть ґаджет навіть у коротеньких поїздках. Домовтеся між собою заздалегідь та попередьте малюка, що дасте йому подивитися одну серію чи один коротенький фільм на певному етапі подорожі.

За віком

2–3
РОКИ
Піжамний десант
Обміркуйте можливість
виїхати ввечері чи перед
світанком: так малюк
проспить більшу частину
дороги.
Регулярні зупинки
Шукайте цікаві місця,
біля яких можна зупини-
тися: парки, автозаправки,
ігрові майданчики.

4–5
РОКІВ
**«Ми вже приїхали?»:
наліпки**
Запропонуйте гру у те,
скільки разів малюк зможе
стриматися й не спитати:
«Ми вже приїхали?»
Візьміть набір наліпок
та наліплюйте по одній
на аркуш на приладовій
панелі в полі зору малюка,
за кожне подібне запи-
тання. Пообіцяйте малому,
що наприкінці подорожі
він отримає усі невикори-
стані наліпки.
Музичні паузи
Діти цього віку люблять
хизуватися знаннями.
Запустіть улюблену пісню
малюка, а потім зненаць-
цька поставте її на паузу
й дайте малому доспівати.

6–7
РОКІВ
Читання мап
Просторове мислення
дитини вже достатньо
розвинене для читання
мапи. Видайте малюкові
мапу та запропонуйте
простежити шлях
пальчиком: це дасть йому
відчути контроль над
ситуацією, а також
покаже, як далеко
лишилось їхати.

↓

ВАРТО СПРОБУВАТИ

8 основних принципів

2

Виступайте як команда.
Заздалегідь домовтеся між со-
бою, як розв'язуватимете спіль-
ні проблеми, як-от сварки між
дітьми чи прохання дати
ґаджет.

3

Залучайте кожного. Розглядайте подорож
як нагоду побути разом і поспілкуватися.
Щоб час минав непомітніше, пограйте
в інтерактивні ігри (наприклад, в угадування
або в те, скільки номерних знаків з певною
цифрою ви побачите на інших автівках;
можна розглядати пейзажі чи форми
хмаринок).

5

Вислухайте кожного з дітей.
Якщо сварка з братом
чи сестрою стане особливо
гарячою, зупиніться
на узбіччі й запитайте, що ви
можете зробити. Прогуляйтеся
по черзі з кожною дитиною
окремо, щоб малі трохи
випустили пар. Повернувшись
до автівки, поставте між
ними якийсь бар'єр,
що не даватиме їм торкатися
одне одного.

7

Дайте зрозуміле визначення часу.
Малюк, залежно від віку, може
погано орієнтуватися в часі — тож,
пояснюючи йому план подорожі,
використовуйте зрозумілі орієнтири,
приміром «ми прибудемо на місце
після того, як пообідаємо»
або ж «коли скінчаться поля
й почнеться місто».

8

Підготуйтеся до захитування.
Малюка може захитати, якщо він
не дивиться у вікно, а старшу
дитину — якщо вона фокусує погляд
на сторінці книжки чи на ґаджеті.
Захитування виникає тоді, коли
внутрішнє вухо відчуває рух, а очі
й тіло його не реєструють; це призво-
дить до нудоти. Заохочуйте малюка
дивитися у вікно та відволікайте
іграми у слова та казками.

«Її ти любиш більше!»

Ревнощі між братами та сестрами є частиною сімейного життя. Їх неможливо уникнути, адже діти мають потребу заручитися увагою й захистом батьків. Розуміння справжньої причини сварки допоможе врегулювати її.

Ситуація | **Дитина програє суперечку за те, який фільм подивитися, й обурюється, що ви любите її сестру дужче.**

Ревнощі та суперництво триватимуть упродовж усього дитинства. Вони не минають з дорослішанням, тож батьки мають не створювати для цього додаткових підстав. Суперництво з братом чи сестрою може проявлятися по-різному:

◉ **суперництво за вашу увагу** витікає із вродженого страху втратити їжу та захист. В основі цього суперництва той факт, що брати й сестри не хочуть з кимось ділити батьківську любов;

◉ **суперництво за речі** виникає, коли менші діти ще не досягли того вміння ділитися, що старші. Дітей також цікавить усе нове, а отже, речі брата чи сестри можуть видаватися цікавішими. Старші діти можуть так проявляти роздратування, мститися братові чи сестрі за перетягування вашої уваги, а також встановлювати своє домінантне положення.

▶ ПЕРЕГЛЯНЬТЕ ПОВ'ЯЗАНІ ТЕМИ ◀

«Ненавиджу її!» с. 130—131
«Я не просив про молодшого братика!» с. 134—135

❝ ❞

«СУПЕРНИЦТВО МІЖ ДІТЬМИ — БЕЗПЕЧНИЙ ПОЛІГОН ІЗ ВЛАДНАННЯ КОНФЛІКТІВ».

ДОРОГОВКАЗИ

Види суперництва з братом чи сестрою

СУПЕРНИЦТВО ЗА ВАШУ УВАГУ

ОЗНАКИ

Дитина хапається за вас або ж демонструє показову нечемність саме тоді, коли ви спілкуєтесь із її братом чи сестрою.
Вас звинувачують: іншу дитину ви любите більше.
У вас питають, кого ви любите найбільше.

ТРИГЕРИ:

Вкладання спати, якщо старшій дитині дозволено лягати пізніше.
Сварки за місце поряд з вами за обіднім столом.
Час, коли ви приділяєте увагу іншій дитині.
Ваша похвала на адресу іншої дитини.
Відчуття обділеності увагою при вкладанні спати.

РЕАГУВАННЯ

1 **Засвідчіть ревнощі** дитини та скажіть, що розумієте їх причину, замість намагатися їх ігнорувати чи переконувати, що вони безпідставні.

2 **Запевніть дитину, що ви любите своїх дітей такими, які вони є;** що вона особлива і ви дуже її цінуєте.

3 **Приділяйте увагу залежно від потреби** і поясніть, чому в певний момент інша дитина може потребувати більше вашого часу (приміром, через хворобу).

4 **Нехай кожна дитина має однаковий проміжок особливого часу** з мамою й татком на щодень.

5 **Не порівнюйте дітей між собою:** навіть якщо просто хотіли похвалити брата чи сестру, це дасть дітям сигнал, що між ними існує змагання.

СУПЕРНИЦТВО ЗА РЕЧІ

ОЗНАКИ

Перетягування та хапання речей брата чи сестри.
Бійки та псування гри одне одному.
Використання речей іншої дитини без дозволу.

ТРИГЕРИ:

Нудьга.
Бажання мати владу.
Заздрість до брата чи сестри та бажання помсти.
Бажання визначати правила гри.
Роздратування, що знаходить вихід через деструктивні пориви.

РЕАГУВАННЯ

1 **Не намагайтеся знайти винного,** адже завжди хтось вважатиме себе переможцем, а хтось — переможеним.

2 **Запитайте дітей, які вони мають пропозиції** щодо розв'язання конфлікту.

3 **Заохочуйте до ігор,** які вимагають командної роботи і спільної мети (приміром, зведення фортеці).

4 **Виділіть кожній дитині особистий простір,** власну «недоторканну поличку», де вона триматиме іграшки, якими не хоче ділитися.

5 **Регулярно влаштовуйте сімейні збори.** Щоб кожна дитина знала, що її почули, надайте дітям можливість регулярно висловлювати свої почуття на загальних родинних зборах.

«Де мій ведмедик?»

Ваш малюк уже розуміє, що він — особа, відокремлена від батьків.
Утім, він досі має потребу в певних предметах (м'якому іграшковому ведмедику
чи улюбленій ковдрочці), щоб заспокоюватися, коли ви не поруч.

Ситуація | Ви поспішаєте, але малюк відмовляється виходити з дому
без м'якої іграшки.

ВІН КАЖЕ:

«Де мій ведмедик?»

ВИ МОЖЕТЕ ПОДУМАТИ:

*«Нам час виходити.
До того ж чи не пора
вже йому обходитися
без ведмедика?»*

У **8–12** місяців малий розуміє, що ви не завжди можете бути поруч. Щоб заповнити порожнечу, він обирає собі улюблену річ або іграшку, яку можна завжди носити з собою.

Хай там як ситуація вас дратує, ведмедик — це важливий етап розвитку малюка та індикатор, що він шукає способів самозаспокоєння. Якщо ви спробуєте відібрати ведмедика до того, як малюк готовий з ним попрощатися, він ще дужче вчепиться в іграшку.

«ДИТИНА МІЦНО ОБІЙМАЄ СВОЮ ОСОБЛИВУ ІГРАШКУ, ЩОБ ЗАСПОКОЇТИСЯ».

ВІН ДУМАЄ:

«Ведмедик завжди зі мною; з ним я почуваюся впевненіше».

Прихильність малюка до ведмедика не є проявом комплексів чи слабкості. Навпаки, ведмедик — вірний супутник малого на шляху від залежності до самостійності. Іграшка допомагає дитині почуватися безпечно, лягаючи спати чи опинившись у новій ситуації.

ЯК РЕАГУВАТИ

Негайно:

Проявіть розуміння. Спокійно скажіть малюкові, що ви розумієте, наскільки ведмедик важливий, та запевніть, що той спокійно його дочекається.

Встановіть межі. Якщо ви підозрюєте, що пошук ведмедика — просто причина відкласти вихід з дому, дайте чітко зрозуміти, що виходити все одно доведеться, а ведмедика малюк пошукає вже після повернення.

Відволічіть дитину. Якщо малюк пригнічений, що доводиться йти без ведмедика, відволікайте його розмовами, пісеньками та іграми. Підкажіть дитині підбадьорливі твердження: «Я сильний», «У мене все вийде», — аби показати, що він впорається й без ведмедика.

На майбутнє:

Купіть запасного ведмедика. Коли малюк повсюди тягає ведмедика за собою, є вірогідність, що іграшка загубиться. Купіть ідентичного — він, до речі, стане у пригоді, коли прийде час випрати основного ведмедика. Міняйте їх місцями час від часу, щоб іграшки були однаковими на запах та дотик.

Знижуйте залежність. Більшість дітей самі полишають цю практику десь у 6 років, коли така поведінка видається їм надто дитячою. Якщо ж є підозра, що малюк потребує допомоги, — запропонуйте, хай ведмедик живе вдома та спить разом з малюком. Або ж, якщо це ковдрочка, відріжте від неї маленький шматочок, який зручно носити з собою в кишені.

ПЕРЕГЛЯНЬТЕ ПОВ'ЯЗАНІ ТЕМИ

«Можна пані Жирафа обідатиме з нами?» с. 104—105
«Я боюся темряви» с. 118—119

«Ти ніколи не маєш часу!»

Діти ставлять знак рівності між поняттями «любов» і «час». Якщо ви постійно надто заклопотані та не приділяєте малюку цілковитої уваги — дитина сприйматиме це як відцурання. Ситуацію допоможе виправити якісний час лише для вас двох, коли ви повністю зосереджені на дитині.

Ситуація | Дитина запрошує вас пограти разом, але ви маєте замовити доставку продуктів.

ВОНА КАЖЕ:

«Ти ніколи не маєш часу!»

ВИ МОЖЕТЕ ПОДУМАТИ:

«Я почуваюся винною, що не можу пограти з нею, — але ж у мене стільки справ!»

Щойно увійшовши у наше життя, діти перетягують на себе неймовірну кількість часу та зусиль — тож може бути непросто приділяти дитині час, який влаштує вас обох. Утім, брак якісного часу разом змусить дитину думати, що вона для вас не важлива.

У такі моменти ви, вірогідно, гостро відчуватимете і брак часу, й емоційний тягар. Почуття провини може стати останньою краплею. Виснажена людина втрачає емпатію та стає дратівливою — зокрема, і з власною дитиною.

> **«ПОПРОСІТЬ ПРО ДОПОМОГУ РОДИЧІВ: ЯК ТО КАЖУТЬ, «ДИТИНУ РОСТИТЬ ЦІЛЕ СЕЛО», А НЕ ОДНА ВИСНАЖЕНА ДОРОСЛА ЛЮДИНА».**

ЯК РЕАГУВАТИ

Негайно:

Поясніть. Покажіть дитині, що ви зараз робите, та поясніть, чому це потрібно для всієї сім'ї: так вона знатиме, що ви не просто так відхиляєте її запрошення до гри.

Компенсуйте. Запропонуйте конкретний час для спільної гри після завершення термінових справ. Можна запропонувати дитині тим часом придумати, що саме ви робитимете разом.

На майбутнє:

Приділяйте дитині трохи індивідуального часу щодня. Навіть 15 хвилин на добу, протягом яких дитина вирішує, що ви зробите разом, покажуть, що вашим пріоритетом є саме вона. Нехай цей час буде регулярним, очікуваним та вільним від ґаджетів — аби донька була спокійна, що ви завжди знайдете час для неї.

Не змушуйте дитину думати, що телефон чи комп'ютер цікавить вас більше. Коли батьки постійно «залипають» в електронних пристроях, діти почуваються покинутими. Проводячи час із малечею, намагайтеся користуватися ґаджетами якомога рідше.

Зменшіть своє навантаження. Якщо ви постійно зриваєтеся чи втрачаєте рівновагу від самого лише переліку справ на день — це ознаки перевтоми. Дайте собі можливість відпочити: посидіти з книжкою, помокнути у ванні чи зустрітися з друзями.

ВОНА ДУМАЄ:

«Чому для мами будь-що важливіше за мене? Мені так сумно».

У цьому віці дитина ще вважає, що ви розподіляєте свій час як заманеться. Вона ще не зовсім розуміє, що бути її матір'ю — не єдина ваша сфера відповідальності, тому може вирішити, що ви просто не хочете з нею грати. До того ж ваші емоції «заразні» для неї, вона може «підхопити» ваш стрес. Усе це виливається в емоційні зриви, гнівливість та навіть відстороненість.

▶ **ПЕРЕГЛЯНЬТЕ ПОВ'ЯЗАНІ ТЕМИ** ◀

«Дивись, як я можу!» с. 92—93
«Мені так добре з тобою!» с. 108—109

«Ненавиджу її!»

Брати й сестри інстинктивно конкурують за ваші любов та увагу.
Додайте до цього, що вони постійно поруч та лише вчаться опановувати
свої емоції й поривання, — не дивно, що вдома іноді почуваєшся, як на війні.

Ситуація | Молодший син каже, що ненавидить семирічну сестру,
яка вигнала його зі своєї кімнати «за те, що набридав».

ВІН КАЖЕ:

«Ненавиджу її!»

Такі надмірні прояви почуттів засмучують, але для дитини природньо мати суміш розбіжних почуттів до брата чи сестри.

«СТОСУНКИ З БРАТАМИ ТА СЕСТРАМИ ВЧАТЬ ДІТЕЙ КОРИСНИХ ЖИТТЄВИХ НАВИЧОК».

ПЕРЕГЛЯНЬТЕ ПОВ'ЯЗАНІ ТЕМИ

«Зараз лусну від злості!» с. 98—99
«Вона мене дратує» с. 146—147

ВИ МОЖЕТЕ ПОДУМАТИ:

«Я так сподівався, що мої діти будуть друзями. Як же так сталося?»

ВІН ДУМАЄ:

«Я прикро вражений, що вона сказала мені забиратися геть».

Як правило, конфлікти не розпочинаються у вашій присутності, тож важко розсудити, хто більше винен. Якщо вам здається, що старша дитина мала би бути розумнішою, згадайте, що їй лише 7 років. Вона ще не розуміє незрілості мислення молодшого брата й сердиться, що він не може грати нарівні з нею.

Молодший син може відчувати гнів, розчарування та власну неповноцінність. Його роздратування збудило первісний нижчий мозок, тож малюк не може до ладу розповісти, як саме він почувається, і сприймає це як ненависть.

ЯК РЕАГУВАТИ

Негайно:

Озвучте повний спектр почуттів. Покажіть малюкові, що ви розумієте складну суміш його емоцій, та поясніть, що настрій може швидко змінитися: від гніву, що сестра не хоче з ним грати, до задоволення, коли вони добре бавляться разом.

Заохочуйте малюка пояснювати. Скажіть: «Чув, що ти сердишся на сестру. Тобі сумно, що вона не хоче з тобою грати?»

Уникайте навішування ярликів на взаємини малят. Діти не мають чути від вас, що «вони не вживаються», — адже самі в це повірять.

На майбутнє:

Давайте дітям можливість веселитися разом. Запропонуйте гру, де вони гратимуть командою. **Навчайте старшу дитину емпатії.** Проявляйте розуміння, коли старша дитина засмучена, — тож вона наслідуватиме вас у стосунках з молодшим братиком.

«Мені сумно»

Життя дітей нерідко видається батькам безтурботним, тож вони очікують, що дитина постійно буде радісною, — ну, окрім істерик, коли виходить не так, як їй хотілося. Утім, маля переживає протягом дня широкий спектр емоцій.

Ситуація | Дорогою із садочка ваша дитина тиха й пригнічена.

ВОНА КАЖЕ:

«Мені сумно».

ВИ МОЖЕТЕ ПОДУМАТИ:

«Вона ж іще така маленька — що могло її так засмутити?»

Діти все відчувають гостріше за дорослих — можливо, тому, що більше покладаються на первинні відділи мозку. Це означає, що сильні емоційні стани, як-от смуток, можуть переживатися особливо гостро. Говорячи про це відкрито, дитина висловлює вам довіру та сподівається, що ви її вислухаєте.

Ви можете занепокоїтися, почувши від дитини про її смуток, — адже дитинство зазвичай зображують як безтурботні часи.

Ви також можете переживати, що чогось їй недодали, коли вже її дитинство не стовідсотково щасливе, і відчувати провину.

" "

«ДОПОМОЖІТЬ ДИТИНІ ЗРОЗУМІТИ, ЩО ЕМОЦІЇ ПРИХОДЯТЬ І ЙДУТЬ І ЩО Є СПОСОБИ ОПАНУВАТИ СВОЇ ПОЧУТТЯ».

ВОНА ДУМАЄ:
———

«Дещо засмутило мене сьогодні, і тепер я відчуваю журбу й тяжкість у тілі».

Мірою дорослішання дитина вчиться визначати свої емоції. Зараз же вона опановує причинно-наслідкові зв'язки і починає розуміти, що, коли трапляється щось неприємне, це впливає на її самопочуття. Вона також усвідомила, що смуток відчувається як суміш тривоги, браку енергії та бажання поплакати.

ЯК РЕАГУВАТИ

Негайно:

Приготуйтеся вислухати. Нехай дитина розкаже, що в неї на серці: якщо проігнорувати її смуток, він знайде інший вихід (через гнів, біль у животику чи проблеми зі сном).

Допоможіть дитині пропрацювати почуття. Замість питати «чому» попросіть дитину розповісти про свій день у формі казки. Якщо вона не хоче пригадувати болісні моменти, запевніть, що їх можна пропустити. Такий переказ допоможе дитині розкласти свої змішані почуття на категорії та краще їх зрозуміти.

Запевніть малу, що почуття минають. Те, що дитині сумно зараз, не означає, що так буде завжди. Допоможіть їй зазирнути в майбутнє, запитавши, як, на її думку, вона почуватиметься завтра чи за тиждень.

На майбутнє:

Покращуйте розуміння почуттів. Натренуйте дитину звертати увагу на те, що відбувається з її тілом під час переживання емоцій. Підкажіть, що фізична активність (ігри чи біг на свіжому повітрі) допомагає впоратися з емоціями.

Досліджуйте власні почуття. Нерідко діти — «барометр» сім'ї. Чи немає у вас якихось тривог, що впливають на настрій дитини?

ПЕРЕГЛЯНЬТЕ ПОВ'ЯЗАНІ ТЕМИ

«Я зараз вибухну!» с. 98—99
«Хочу зробити бездоганно» с. 172—173

«Я не просив про молодшого братика!»

Первісток починає життя як єдина дитина, що має неподільну увагу обох батьків. Поява молодшого братика чи сестрички перевертає звичне життя догори дриґом — тож немовля сприймається передусім як суперник.

Ситуація | Ви радієте появі в сім'ї другої дитини.

ВІН КАЖЕ:

«Я не просив про молодшого братика!»

Можливо, ви й народили ще одну дитину не останньою чергою для того, щоб первісткові не було самотньо, — але навряд чи він сприйме це саме так. Принаймні, спочатку. Первісток звик до того, що світ обертається довкола нього, — тож йому важко звикнути до думки, що доведеться з кимось вас ділити.

ПЕРЕГЛЯНЬТЕ ПОВ'ЯЗАНІ ТЕМИ

«Мені так добре з тобою!» с. 108—109
«Її ти любиш більше!» с. 124—125

ВИ МОЖЕТЕ ПОДУМАТИ:

«Не так я собі це уявляла».

ВІН ДУМАЄ:

«Не хочу ні з ким ділити маму й татка!»

Зрозумівши, що нова дитина — це назавжди, первісток може шокувати та засмутити вас вимогами «віддати немовля назад». Вас також може мучити почуття провини через неможливість проводити зі старшим сином стільки ж часу, як раніше.

Первісток може сердитися через появу конкурента. Єдиний плюс, який йому обіцяли, — що буде з ким пограти, але ця перспектива видається непевною, поки новий малюк лише їсть, спить та перетягує на себе вашу увагу.

ЯК РЕАГУВАТИ

Негайно:

Не розповідайте малюкові, як він має почуватися. Нехай дитина вільно висловлює свої почуття й тривоги. Проявіть розуміння: «Я знаю, що твоє життя дуже змінилося і тобі хочеться, щоб було як раніше».

Підкажіть малюкові інші способи виливу емоцій. Якщо він не може дібрати слів — хай виразить свої почуття через малюнок або гру (навіть якщо зламає кілька іграшок).

На майбутнє:

Особливий час. Робіть усе можливе, щоб зберігати свою присутність у житті старшої дитини. Наприклад, носіть новонародженого у слінгу, щоб звільнити руки та пограти з первістком.

Попросіть про допомогу. Обговоріть з партнером та родичами, чим вони можуть допомогти, щоб старший почувався особливим і отримував неподільну увагу дорослих.

Не перемикайтеся на новонародженого. Хваліть досягнення первістка та запевняйте, що немовля в захваті від нього: «Дивися, як уважно він за тобою спостерігає!»

Коли дитина хворіє

У перші роки, поки розвивається імунітет, дитина часто матиме легкі хвороби. Хоч яка недуга, допоможіть дитині підтримувати фізичну та психологічну стійкість, дбаючи про неї зі співчуттям та практичністю.

Коли дитина нездужає, ваша природна реакція — занепокоєння та бажання захистити. До того ж буває непросто оцінити, наскільки все серйозно, коли дитина скаржиться: «Мені зле» або «У мене болить животик», — адже її словниковий запас поки що не дуже великий.

Батьки завжди прагнуть бути добрими до дітей, тож вас може цікавити, чи не варто тимчасово знизити вимоги до дитини та спростити повсякденні справи. Якщо ви не певні, наскільки серйозний стан малюка, — зверніться до фахівця.

«ДОПОМОЖІТЬ ДИТИНІ СПРИЙМАТИ ХВОРОБУ СПОКІЙНО Й ТЕРПЛЯЧЕ».

1

Дайте приклад позитивного ставлення. Діти перейматимуть ваші реакції на хвороби, тож будьте взірцем терплячості, коли хворієте.

4

Підбадьорюйте. Поясніть дитині, що її тіло зараз працює над одужанням і вона може в цьому допомогти, якщо буде хороброю пацієнткою та виконуватиме вказівки.

7

Дотримуйтеся меж. Заведені у сім'ї правила повинні за можливості залишатися незмінними. Якщо ж ви робите послаблення — повертайтеся до попереднього порядку поступово.

9

Не забувайте про інших дітей. Коли одна дитина хворіє, не давайте іншим дітям почуватися забутими. Приділяйте увагу кожному.

↓

ВАРТО СПРОБУВАТИ

10 основних принципів

2

Говоріть про одужання. Розкажіть дитині, яке сильне в неї тіло. Якщо потрібно обговорити її хворобу з кимось іншим — зробіть це там, де дитина вас не чутиме.

3

Звіртеся з рекомендаціями. Спитайте в себе: «Чи недуга обмежує/ускладнює її рухливість?», «Чи можна від неї заразитися?», «Чи я сама взяла б лікарняний у подібному стані?» Якщо відповідь хоч на одне з цих запитань ствердна — хай дитина перехворіє вдома.

5

Зберігайте нейтральність. Прислухайтеся, коли дитина скаржиться на біль, але спробуйте не проявляти надмірних емоцій та тривожності, щоб вона не сприймала скарги як спосіб привернути вашу увагу.

6

Нехай обіймів буде вдосталь. Хворіючи, малюк може поводитися більш інфантильно та потребує більше вашої уваги. Реагуйте на це відповідно.

8

Розставте пріоритети. Якщо ви працюєте, візьміть відгул чи неоплачувану відпустку, щоб дбати про хвору дитину.

10

Розділіть обов'язки. Навіть коли обоє батьків працюють, обов'язок дбати про хворих дітей зазвичай лягає на матерів: 72 % жінок визнають, що коли захворіє дитина — найімовірніше, з роботи відпрошуватимуться саме вони. Коли дитина хворіє, поговоріть про розділення догляду: можливо, вам з чоловіком вдасться домовитися працювати в різний час та змінювати одне одного біля дитини? Можливо, одному з вас буде простіше відпрацювати пропуски у вихідні?

!

АДАПТОВАНІ ПОРАДИ

За віком

2–3
РОКИ

Мова тіла
Маленькі діти можуть проявляти неспокій фізично. Навчіться розпізнавати ознаки головного болю чи болю в животику.

Втеча з ліжечка
Температура дитини може зашкалювати — як і її бажання бігати по всьому будинку. Не варто непокоїтися, що дитина не хоче лежати.

4–5
РОКІВ

Потроху
Одужавши, дитина може нервувати через повернення до садочка. Запевніть її, що все буде як раніше.

Проясніть причини
Дослідження показали, що діти цього віку не дуже розуміють причини хвороб. Запевніть дитину, що це не її провина.

6–7
РОКІВ

Лікарі та медсестри
Дослідження показали, що шестирічні діти, захворівши, сприймають лікування як форму покарання. Варто пояснити дитині, як це допоможе їй швидше одужати.

От зараза!
У 7 років діти вже знають, що деякі хвороби можна «підхопити» від інших. Поясніть, чи є недуга заразною.

«Мене називають плаксієм!»

Діти плачуть рідше приблизно з 2 років, коли відкривають для себе можливість самовираження через мову та починають опановувати свої емоції. Деякі діти від природи більш чутливі й схильні до сліз.

Ситуація

Малюк скаржиться, що діти у садочку не хочуть з ним грати, «бо він плаксій».

ВІН КАЖЕ:

«Мене називають плаксієм!»

ВИ МОЖЕТЕ ПОДУМАТИ:

«Чому він не опанує себе?»

Малюк ще не розуміє, що сльози викликають співчуття переважно в дорослих — однолітків це дратує. Коли він заливається слізьми, це перериває гру й тягне за собою втручання дорослих. Тому однолітки сердяться на малюка за те, що зіпсував їм розвагу.

Через давні стійкі уявлення про те, якою є «мужність», батьки хлопчиків воліли би, щоб ті менше плакали. Навіть якщо ви прихильник такого підходу, вас усе одно турбує думка інших людей. Тому вам хочеться, щоб малюк навчився приховувати емоції.

«НЕ СТАВТЕ СОБІ ЗА МЕТУ ЗРОБИТИ МАЛЮКА ТОВСТОШКІРИМ, АЛЕ ДОПОМОЖІТЬ ЙОМУ ОПАНУВАТИ СВОЇ РЕАКЦІЇ».

ВІН ДУМАЄ:

«*Коли я засмучуюся, сльози течуть самі собою. Я не можу нічого вдіяти!*»

Вашому малюкові важче контролювати свої почуття, аніж більшості дітей. Дослідження показують, що 10—20 % дітей народжуються з більш збудливою нервовою системою. Таких немовлят легше налякати, а пізніше, коли вони підростуть, — вивести з рівноваги.

ЯК РЕАГУВАТИ

Негайно:

Допоможіть дитині спинити сльози. Розкажіть малюкові, що глибоке дихання допомагає заспокоїтися, та потренуйтеся разом: вдих через носик — видих через ротик.

Зберігайте «гендерний нейтралітет». Не варто казати, що малюкові не можна плакати, бо він «великий хлопчик»: хлопці потребують проявів почуттів не менше за дівчат.

Допоможіть дитині дивитися ширше. Заохочуйте малюка говорити про свої почуття — але поясніть, що усім інколи трапляється не порозумітися з друзями і що це природна складова будь-яких стосунків.

Не заперечуйте почуттів дитини. Чоловіки, яких малюк має за взірець, можуть пояснити йому, що хлопчики теж плачуть, але що краще поплакати наодинці з рідними та друзями аніж серед дітей, які його не зрозуміють.

На майбутнє:

Навчіть малюка інших способів самозаспокоєння. Привчіть його прогнозувати ситуації, які можуть викликати сльози, та запропонуйте відволіктися, пригадавши якийсь смішний момент, або порахувавши до десяти, або ж уявляючи, що його оточує чарівний непробивний бар'єр.

ПЕРЕГЛЯНЬТЕ ПОВ'ЯЗАНІ ТЕМИ

«**Я боюся темряви**» с. 118—119
«**Знаєш, що вона зробила?**» с. 120—121

«Мені наснився страшний сон»

Попри батьківські побажання солодких снів більшості дітей час інколи сняться кошмари. Майже три чверті дітей у віці 4—5 років час від часу бачать страшні сни, навіть по одному-два на тиждень.

Ситуація | Ваша дитина прокидається посеред ночі перелякана та каже, що вона заблукала, а потім за нею гналося чудовисько.

ВОНА КАЖЕ:

«Мені наснився страшний сон».

У дітей періоди швидкого сну (стадія сновидінь) тривають довше, ніж у дорослих. Здатність бачити сни — ознака ускладнення структури мозку, розширення сховища спогадів та збільшення арсеналу страхів мірою пізнання світу.

ВИ МОЖЕТЕ ПОДУМАТИ:

«Чому її сни такі тривожні? Що її непокоїть?»

Прикро бачити дитину засмученою, тим паче коли доводиться підхоплюватися посеред ночі. Погані сни можуть турбувати дитину, коли вона побачила щось страшне, або коли її щось непокоїть, або ж у буремні часи (розлад у сім'ї, зміна дитсадка).

ПЕРЕГЛЯНЬТЕ ПОВ'ЯЗАНІ ТЕМИ

«Я боюся темряви» с. 118—119
«Я намочив ліжечко» с. 158—159

«СКАЖІТЬ ДИТИНІ, ЩО МОЖНА ЗМІНИТИ ПОГАНИЙ СОН ТА ПРИДУМАТИ ЩАСЛИВУ КІНЦІВКУ».

ВОНА ДУМАЄ:

«Це було уві сні чи насправді?»

Дитина лише розвиває вміння розрізняти реальність та фантазії, тому їй може здаватися, що події нічного кошмару сталися насправді. Вона ще не розуміє, що подібні сни — це плід її уяви, що вони виникають, коли мозок намагається обробити накопичену за день інформацію.

ЯК РЕАГУВАТИ

Негайно:

① Зберігайте спокій та заспокойте дитину. Дітям буває тяжко заспокоїтися після страшного сну. Обійміть дитину та м'яко скажіть: «Мабуть, це було дуже страшно. Але тепер усе позаду. Це лише сон». Утім, не варто затягувати розмову — краще, якщо дитина знову засне.

② Заохочуйте дитину залишатися у власному ліжечку. Замість пропонувати піти спати з вами спробуйте заспокоїти та приспати дитину: так вона знову засне у своїй кімнаті й шукатиме заспокоєння у звичній обстановці.

На майбутнє:

Поговоріть про почуття дитини при денному світлі. Якщо дитина частіше обговорюватиме з вами свої емоції, це допоможе їй «перетравлювати» події та думки при денному світлі. Удень усе видається не таким страшним і простіше мислити логічно.

Дайте дитині виспатися. Стабільні вечірні ритуали, обійми, улюблена книжечка перед сном допоможе дитині почуватися спокійніше та безпечніше вночі.

Перевірте, що дитина переглядає. Кошмари дитині можуть бути результатом перегляду фільмів, відеоігор та іншого контенту, до сприйняття якого вона ще не готова.

«Це не я!»

Майже всі діти час від часу кажуть неправду, замовчують подробиці чи вдаються до перебільшень. Щоб не дати цій необхідній стадії розвитку перейти у звичку, батьки мають розуміти причини такої поведінки та реагувати відповідно.

Ситуація | Ваш син штовхнув друга просто на ваших очах, але все заперечує.

Дорослі високо цінують чесність. Ви можете вважати, що брехня — це однозначно погано, але погляньте на це з іншого боку, як на важливу віху в розвитку мислення дитини. Щоб розрізняти правду та неправду, малюк має розвинути «теорію свідомості», тобто здатність поставити себе на місце іншої людини.

Існує два основні види брехні.

● **Антисоціальна брехня,** до якої діти вдаються, щоб уникнути проблем чи покарання за поганий вчинок, порушення правил або перекласти на когось провину.

● **Просоціальна брехня** — коли неправда виникає через замовчування частини інформації або ж замість навмисної брехні надається лише частина правди. Зрештою, дітей же вчать співчувати.

Цю різницю важливо розуміти, адже кожна з цих ситуацій потребує різної реакції.

Погляньте на порівняльну таблицю на сторінці праворуч.

> **" "**
> **«СПІЙМАВШИ ДИТИНУ НА БРЕХНІ, ПІДКРЕСЛІТЬ, ЩО Є КРАЩІ СПОСОБИ РОЗВ'ЯЗАТИ ПРОБЛЕМУ».**

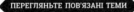

ПЕРЕГЛЯНЬТЕ ПОВ'ЯЗАНІ ТЕМИ

«Але я не чула!» с. 112—113
«Вона мене дратує!» с. 146—147

ДОРОГОВКАЗИ

Види брехні

АНТИСОЦІАЛЬНА БРЕХНЯ

ОЗНАКИ

Розповідь дитини не має логіки, непослідовна.

Малюк використовує більше слів, ніж необхідно, намагаючись вас переконати.

Фізичний та розумовий стрес від придумування брехні підвищує тональність голосу дитини.

ПРИЧИНИ

Страх мати неприємності.

Порушення правил.

Бажання підставити когось.

Спроба уникнути відповідальності за поганий вчинок.

РЕАГУВАННЯ

(1) Зрозумійте причини. Діти 3–4 років можуть іще не усвідомлювати різницю між фантазією та реальністю чи сприймати бажане за дійсність.

(2) Вкажіть, що ви матимете більше шансів допомогти малюкові розв'язати проблему, якщо він скаже правду.

(3) Дайте чітко зрозуміти, що чесність вам більше до вподоби та є найкращим способом спокутувати провину.

(4) Зробіть правдивість однією з сімейних цінностей та поясніть, що брехня підірве довіру інших до малюка, навіть коли він надалі говоритиме правду.

(5) Не сваріть надто сильно за неправильну поведінку, і тоді дитина більш вірогідно говоритиме правду, ніж коли наслідки її жахають.

ПРОСОЦІАЛЬНА БРЕХНЯ

ОЗНАКИ

Інші батьки питають у вас про речі, якими вихвалявся ваш син.

Відповіді дитини на запитання короткі або неповні.

Малюк дає суперечливі відповіді, що не стосуються запитання, аби вгодити вам.

ПРИЧИНИ

Бажання уникнути обмежень, встановлених дорослими (приміром, бреше, що зробив уроки, щоб піти пограти надворі).

Бажання вразити однолітків та батьків.

Турбота про почуття інших: така «брехня на благо» означає, що малюк добре соціалізований.

РЕАГУВАННЯ

(1) Поясніть наслідки. Якщо малюк розповідає, що ви збираєтеся подарувати йому цуцика, а це не так — скажіть, що ви розумієте його бажання мати цуцика, але люди перестануть йому вірити, якщо він видаватиме бажання за реальність.

(2) Будьте взірцем чесності: коли син чує від вас «брехню на благо», він вирішить, що це прийнятна поведінка.

(3) Підвищуйте самооцінку малого. Інколи діти вдаються до брехні, бо не почуваються впевнено.

(4) Подивіться, чи не зависокі у вас вимоги. Якщо малюк приховав від вас погану оцінку, скажіть: «Здається, для тебе важливо мати лише хороші оцінки. Ти боїшся нас розчарувати?»

(5) Скажіть, що довіряєте малюкові. Діти чесні, коли мають хорошу репутацію, яку не хочуть втратити.

«У мене аварія»

Навіть якщо ваша дитина вже впевнено ходить до вбиральні, інколи вона все ж мочить трусики. Денне нетримання трапляється в кожної сьомої дитини чотирирічного віку, а після 5 років цей показник уже становить 1/75. Це або трапляється тільки вдень, або ж поєднується з нічним нетриманням.

Ситуація | Дитина постійно мочить трусики протягом дня.

ВОНА КАЖЕ:

«У мене аварія».

Сечовипускання у дітей відбувається 4—7 разів на добу. Якщо раніше дитина не мала проблем дійти до вбиральні — можливо, її «аварії» мають фізичну причину. Приміром, запалення сечовивідних шляхів спричиняє менш рясне, але частіше сечовипускання.

ПЕРЕГЛЯНЬТЕ ПОВ'ЯЗАНІ ТЕМИ
«Це не я!» с. 142—143
«Я намочив ліжечко» с. 158—159

❝ ❞
«ТАКУ ПРОБЛЕМУ МАЄ БІЛЬШІСТЬ ДІТЕЙ. ПІДТРИМАЙТЕ ДИТИНУ, ЩОБ ЦЯ НЕПРИЄМНІСТЬ НЕ ПІДІРВАЛА ЇЇ САМООЦІНКУ».

ВИ МОЖЕТЕ ПОДУМАТИ:

«Мені здавалося, вона вже це переросла. Інші діти сміятимуться з неї».

ВОНА ДУМАЄ:

«Стільки цікавого навкруги! Я просто забуваю сходити до вбиральні».

Вас може дратувати, що дитина вчасно не сходила до вбиральні. Можливо, ви подумуєте повернутися до підгузок-трусиків. Утім, присоромлення дитини та поводження з нею як із немовлям лише посилить проблему.

Діти можуть боятися ходити до вбиральні: комусь вона здається смердючою; хтось боїться, що потім не зможе відчинити двері; хтось просто соромиться йти туди в присутності інших. Однак не слід виключати, що дитина просто захопилася чимось, а потім уже не змогла дотерпіти.

ЯК РЕАГУВАТИ

Негайно:

Встановіть причину. Спробуйте розібратися, чому дитина знову намочила трусики. Детально розберіть її день у рольовій грі, щоб зрозуміти, чому вона не встигає дійти до вбиральні. Коли щось завдає дитині стресу, їй важче контролювати фізіологічні процеси.

Ретельно добирайте слова. Уникайте слів «впісялася», «обмочилася», «осоромилася» тощо — це викличе пекучий сором. Скажіть щось на кшталт «твої трусики не сухі».

На майбутнє:

Відзначайте «сухі дні». Зробіть дошку досягнень та присуджуйте дитині невеличкі нагороди у категоріях «вчасно пішла до вбиральні» і «вже вечір, а трусики досі сухі».

Нехай дитина не поспішає. Заохочуйте її посидіти на унітазі трохи довше: так вона зможе цілковито розслабити «м'язовий краник» (сфінктер) сечового міхура та остаточно випорожнитися.

Давайте дитині більше пити. Замість скорочувати споживання рідин заохочуйте дитину випивати по 6—8 склянок напоїв на основі води на день: так її сечовий міхур більше наповнюється та посилає сильніші попереджувальні сигнали.

«Вона мене дратує!»

У цьому віці діти переходять від паралельної гри (грають поруч, але кожен окремо) до безпосередньої взаємодії. Утім, ваш малюк тільки засвоює правила спілкування — тож будьте готові, що конфлікти з однолітками почастішають.

Ситуація | Граючи у пісочниці, ваш син штовхає подружку, не дійшовши згоди щодо спільних правил.

ВІН КАЖЕ:

«Вона мене дратує!»

ВИ МОЖЕТЕ ПОДУМАТИ:

«Так незручно! Не хочеться, щоб його вважали капосним».

Усім батькам хочеться, щоб їхні діти грали чемно. Але навіть навчаючись висловлювати свої бажання, більшість дітей цього віку час від часу вдаються до фізичних засобів впливу, щоб отримати бажане. Дослідження показують, що хлопчики та дівчатка використовують безліч фізичних прийомів, щоб встановити своє панівне положення та нав'язати власні правила гри.

Вам може бути ніяково перед іншими дорослими. Ви захочете втрутитися, але найкращим уроком для дітей буде владнати ситуацію самостійно. Коли обоє хочуть продовжити гру, незгоди швидко забуваються.

" "

«ДІТИ — НАЙКРАЩІ ВЧИТЕЛІ ОДНЕ ДЛЯ ОДНОГО. ПРОВОДЯЧИ БАГАТО ЧАСУ ЗА СПІЛЬНИМИ ІГРАМИ, ВОНИ САМІ ЗНАХОДЯТЬ СПОСОБИ БУТИ В ЗЛАГОДІ».

ВІН ДУМАЄ:

«Я не знаю, що ще зробити, коли подруга не хоче грати по-моєму».

Здатність взаємодіяти з іншими ще не є сильною стороною вашого малюка — як і вміння ділитися, робити щось по черзі та йти на компроміси. Він лише починає усвідомлювати, що інші люди теж мають почуття і що, коли він не ділитиметься чи захоче завжди бути головним, з ним ніхто не буде грати.

ЯК РЕАГУВАТИ

Негайно:

Спостерігайте, але не втручайтеся. Ви побачите, що діти, коли їм цікаво, досить вмотивовані домовлятися самостійно. Навіть якщо це не вийде, похваліть їх за те, що вислухали одне одного і рухалися у правильному напрямку.

Не будьте арбітром. Якщо малюк попросить, щоб ви їх розсудили, — не думайте, що знаєте тонкощі ситуації. Натомість запропонуйте обом розповісти, що саме їх засмутило, щоб вони почули одне одного.

Нагадайте синові про почуття інших людей. Замість насварити малюка за нечемну гру допоможіть йому поставити себе на місце подруги. Приміром, скажіть: «Мені здається, їй не сподобалося, що ти забрав у неї лопатку».

На майбутнє:

Оцініть серйозність проблеми. У цьому віці конфлікти — нормальний етап навчання соціальних взаємодій. Якщо ж стримати бажання запровадити свої правила — проблема для малюка, йому може знадобитися допомога, щоб опанувати себе чи зрозуміти, як слід поводитися з іншими людьми.

Нехай грають надворі. Якщо до малюка прийшли друзі, діти матимуть більше веселощів та менше гризні, коли підуть грати надвір. Там менше речей, через які можна посваритися, і більше простору для спільних ігор, де варто об'єднати зусилля.

▶ ПЕРЕГЛЯНЬТЕ ПОВ'ЯЗАНІ ТЕМИ ◀

«Знаєш, що вона зробила?» с. 120—121
«А тебе я не запрошую!» с. 152—153

«Не хочу прибирати!»

Ігри — необхідна складова емоційного та інтелектуального розвитку дитини. Недоліком ігор у цьому віці є розкидані по всьому будинку шматочки пазлів, кубики LEGO, фігурки супергероїв та олівці. Варто навчити дитину прибирати за собою.

Ситуація | Іграшки лежать по всій вітальні, але донька не реагує на ваші прохання допомогти їх зібрати.

ВОНА КАЖЕ:

«Не хочу прибирати!»

Коли дитина поринає у гру з головою, для неї цілком логічно мати усе необхідне перед очима. Так вона може розвивати уяву та придумувати нові ігри, комбінуючи речі у різний спосіб, — приміром, складаючи з кубиків хатинку для іграшок.

ВИ МОЖЕТЕ ПОДУМАТИ:

«Вона лише створює безлад, а прибираю я. Це виснажує. Невже їй байдуже до своїх речей?»

Ви хотіли б, щоб удома було більше ладу та менше хаосу, а от дитина, на відміну від вас, не вважає розкидані речі причиною дратуватися. Більшість дорослих люблять, щоб у кожної речі був свій «дім», — дитині ж іще треба цього навчитися.

◄ ПЕРЕГЛЯНЬТЕ ПОВ'ЯЗАНІ ТЕМИ ►

«Дивись, як я можу!» с. 92—93
«Не хочу!» с. 156—157

ВОНА ДУМАЄ:
—

«Не хочу, щоб мої іграшки зникали. До того ж вони по всій підлозі — не знаю, з чого почати».

Дитині може здатися, ніби її просять зруйнувати щойно створений нею світ. Їй потрібно чимало нагадувань про те, що наближається час прибирання, перш ніж вона перемкне увагу.

ЯК РЕАГУВАТИ

Негайно:

Допоможіть. Завдання прибрати все самостійно може приголомшити маленьку дитину. Поясніть, що ви зробите це разом.

Підказуйте. Замість абстрактного «прибери» давайте чіткіші вказівки: «Будь ласка, поскладай усіх динозавриків у коробку», або ж попросіть зібрати сині олівці, доки ви збираєте червоні.

Зробіть прибирання веселим. Придумайте спеціальну прибиральну пісеньку або ж складіть плейлист із ритмічних енергійних композицій. Чи запустіть кухонний таймер та викличте дитину на змагання, хто збере найбільше кубиків LEGO та здобуде звання Чемпіона Прибирання.

На майбутнє:

Покажіть переваги. Діти цього віку розриваються між своїми примхами та бажанням допомагати дорослим. Підкажіть дитині, що, прибравши іграшки, вона звільнить місце для бігу, вбереже свої речі та знатиме, де їх шукати завтра.

Встановіть розклад. Визначте щоденний час прибирання — наприклад, певний період перед вечерею, щоб виробити в дитини звичку.

> **«ЖИТЛО — НЕ ВИСТАВКОВА ЗАЛА. ЯКЩО ДИТИНА ДОПОМАГАЄ ВАМ БОРОТИСЯ З БЕЗЛАДОМ — ВИ НА ПРАВИЛЬНОМУ ШЛЯХУ».**

«Бо я так сказав!»

Усім батькам хочеться, щоб діти мали чимало друзів, тож вас непокоїть, що нестримна жага малюка домінувати відлякує від нього однолітків. Можливо, час навчити його зважати на почуття інших.

Ситуація | Під час спільної гри ваш син каже другові, що той має грати за його правилами.

ВІН КАЖЕ:

«Бо я так сказав!»

Дітям досить і того, що їм постійно вказують дорослі, — тож коли це робить іще й одноліток, інший малюк дратується і більше не хоче з ним грати. Дослідження показують, що вміння спільно грати і чергуватися з іншими — ключові навички, які допомагають подружитися.

ПЕРЕГЛЯНЬТЕ ПОВ'ЯЗАНІ ТЕМИ

«Знаєш, що вона зробила?» с. 150—151
«Вона мене дратує!» с. 146—147

ВИ МОЖЕТЕ ПОДУМАТИ:

«Чудово, що він відстоює свої інтереси, — але якщо він так командуватиме, то розгубить усіх друзів».

ВІН ДУМАЄ:

«Чому він не робить по-моєму?»

Вас може непокоїти, що малюкові бракує соціальних навичок для чемної гри. Інколи батьки вбачають у такому домінуванні ознаку майбутньої впевненості, але є суттєва різниця між лідерством (інші наслідують чийсь приклад за власним вибором) та диктатом (нав'язуванням власної волі).

Малюк лише починає розуміти, що інші люди мають інакші погляди та як розпізнати роздратування. Він також прагне знайти своє місце у суспільній ієрархії, а тому перевіряє, наскільки інші діти готові коритися йому.

ЯК РЕАГУВАТИ

Негайно:

Не поспішайте втручатися. Цей діалог може бути лише частиною перемовин, тож втручайтеся, тільки коли ваш малюк намагається командувати постійно.

Попросіть його на кілька слів. Якщо малюк от-от зруйнує усім гру, покличте його до себе та запропонуйте запитати про думку друга — щоб він вчився враховувати інші точки зору.

На майбутнє:

Потренуйте малюка. Розіграйте сценки за допомогою іграшок та попросіть малюка розповісти, як, на його думку, почуваються різні персонажі.

Підкажіть, на що звернути увагу. Попросіть сина звертати увагу щоразу, коли він каже «бо я так сказав», «ти повинен», «ти не маєш». Подавайте таємний знак, якщо він знову це казатиме: так він звертатиме на це увагу.

Показуйте добрий приклад. Можливо, малюк копіює значущих дорослих чи з ним так розмовляють ваші старші діти?

«А тебе я не запрошую!»

Дитина зміцнює дружні відносини та формує компанії —
але переживає й перші конфлікти. Її день народження —
це можливість проявити свій соціальний авторитет, вирішуючи,
кого покликати у гості, а кого — ні.

Ситуація | Ви чуєте, як донька каже подружці, що не запрошує її
на день народження.

ВОНА КАЖЕ:

«А тебе
я не запрошую!»

ВИ МОЖЕТЕ ПОДУМАТИ:

«Нащо ж так грубо?
Не хочеться,
щоб її вважали
забіякою».

Дитяча дружба постійно змінюється —
залежно від того, чи добре вони сьогодні грали
разом. Ваша дитина може вважати, що день
народження дає їй певну соціальну владу,
і використовує її для тиску на інших, щоб
нав'язати власні правила гри.

Діти лише вчаться емпатії. Без
вашої підказки дитина може не усвідомлю-
вати, що її слова завдають болю не гірше
за удари. Її виграваня соціальними м'язами
може шокувати вас, але все ж одна дошкульна
репліка ще не робить дитину забіякою.

"

«БУДЬТЕ ВЗІРЦЕМ ДОБРОГО СТАВЛЕННЯ ДО ІНШИХ. ПОЯСНІТЬ, ЩО СЛОВА МОЖУТЬ ЗАВДАТИ БОЛЮ НЕ ГІРШЕ ЗА УДАР».

ЯК РЕАГУВАТИ

Негайно:

①

Дізнайтеся причину. Відійдіть з донькою так, щоб не чули інші діти, та запитайте, чому вона вирішила не запрошувати цю подружку. Вислухайте її та спробуйте зрозуміти, чи є там давніший конфлікт, з яким варто розібратися.

②

Зверніть увагу на образу. Попросіть дитину уявити, як би вона почувалася, якби їй у присутності інших сказали, що її не запрошують у гості. Чи було б їй сумно? Прикро? Слід допомогти доньці зрозуміти, що її слова та дії в цій ситуації були жорстокими.

На майбутнє:

Дивіться ширше. Якщо ви розпочали складні приготування до її дня народження за кілька тижнів, дитина може перебільшувати важливість свята. Дітям цього віку буває складно стримати свій захват та уникнути спокуси шантажувати інших дітей запрошеннями.

Складіть остаточний список гостей якомога пізніше. Стосунки між дітьми — штука мінлива: подружка, з якою вони були не розлий вода лише кілька місяців тому, може перестати з нею грати за кілька тижнів до події.

Не схвалюйте. Батькам може здаватися, що така впевненість свідчить про неабияку популярність дитини. Утім, вона й надалі так чинитиме, якщо ви не поясните, чому це погано.

ВОНА ДУМАЄ:

«Це мій день народження, і я вирішую, хто на нього прийде».

Ваша дитина прагне з'ясувати своє місце в ієрархії групи у дитсадку. Вона знає, що інші діти хочуть ходити в гості та що вона, як іменинниця, може ухвалювати рішення стосовно списку запрошених. Якщо не пояснити їй, що це жорстоко, вона скористається цим для підвищення своєї значущості.

ПЕРЕГЛЯНЬТЕ ПОВ'ЯЗАНІ ТЕМИ

«Це не я!» с. 142—143
«Вона мене дратує!» с. 146—147

Дні народження

Колись було простіше: святкування днів народження будувалося навколо музичних ігор, розрізання торта, цукерок та морозива. Тепер дні народження стали дорожчими — і в плані зусиль, і в плані фінансів. Витрати на святкування стрімко злетіли впродовж останніх 20 років.

День народження дитини — особлива дата для вашої сім'ї та привід для свята. Варто поговорити з дитиною про справжнє значення цієї події.

Річ у тім, що дослідження показують: майже половина дітей до 6 років вважають, що старшими їх робить власне факт святкування. Вони не розуміють, що між двома днями народження минає цілий рік і саме це ви відзначаєте. Поясніть дитині, що старшою її робить не святкування, а дні, що минули, та навички, які вона опанувала.

Відзначте цю дату спільним переглядом малюнків дитини та сімейних фото за минулий рік: це наочно покаже малюкові його досягнення за 12 місяців.

Що ж до тривалості свята — орієнтуйтесь на 1—2 години, залежно від віку дитини.

1

Обговоріть святкування. Не варто визначатися з темою вечірки зарано — адже інтереси дитини постійно змінюються.

4

Оберіть час. Знайдіть часовий проміжок, коли малюк найбільш жвавий та в доброму гуморі. Для зовсім маленьких дітей краще орієнтуватися на їхній графік сну.

7

Зробіть так, як хоче дитина. Програма дня народження має передусім потішити іменинника чи іменинницю. Плануючи святкування, орієнтуйтесь на побажання дитини: зрештою, ви влаштовуєте свято саме для сина чи доньки, а не для гостей.

"

«СВЯТО СПОДОБАЄТЬСЯ ДІТЯМ ДУЖЧЕ, ЯКЩО ДОБИРАТИ РОЗВАГИ ВІДПОВІДНО ДО ЇХНЬОГО ВІКУ».

ВАРТО СПРОБУВАТИ

10 основних принципів

2

Продумайте список гостей. Скористайтесь формулою «вік малюка +1», щоб зрозуміти, яка кількість гостей оптимальна. Утім, якщо малий уже ходить до садочка — це правило варто переглянути.

3

Попросіть старших дітей проявляти чуйність. Якщо син не хоче запрошувати усю групу з садочка — попросіть його не обговорювати святкування у присутності тих, хто не отримав запрошення.

5

Підготуйтеся до емоційних зривів. Зазвичай діти менше конфліктують з однолітками, коли грають надворі. За можливості запросіть друзів малюка (з батьками) на пікнік до парку: багато дітлахів в одному приміщенні можуть приголомшити дитину.

6

Заручіться підтримкою батьків. Маленькі діти неохоче лишаються без батьків — тож запросіть батьків маленьких гостей розділити з вами свято: так ви уникнете несподіванок.

8

Залиште відкриття подарунків на потім. Молодші діти (до 3 років) можуть не розуміти, що не можна забирати додому принесені ними подарунки. Відкладайте подарунки одразу після вручення, щоб вони не відволікали дітей.

9

Підкажіть, як бути чемним господарем. Перед вечіркою поговоріть з малюком про те, як слід проявляти гостинність і приділяти увагу кожному гостю, а не лише найліпшим друзям.

10

Не втрачайте голови. Якщо ви пригадаєте власні дитячі свята — вам стане очевидно, що запорукою успіху є цікаві розваги, а не витрачена сума.

АДАПТОВАНІ ПОРАДИ

За віком

2—3 РОКИ

«Дозуйте» подарунки
Дайте малюкові відкрити кілька подарунків негайно, але прибережіть решту та поступово віддавайте йому протягом року.

Не ускладнюйте
Найкращі розваги для дворічних дітей — вода, пісок або ж пластилін, з якими вони гратимуть кожен окремо. У 3 роки діти вже готові до спільних забавок.

4—5 РОКІВ

Дилема одногрупників
Або запросіть до 50 % групи у садочку, або ж усю групу. Варто підготувати безліч групових ігор.

Поганяйте кульки!
Діти цього віку обожнюють надувні кульки. Нехай малі потренуються спрямовувати їх у визначену точку.

6—7 РОКІВ

Лише на запрошення
Зі зростанням ролі однолітків у житті малюка він більше наполягатиме на тому, щоб самому обирати і тему вечірки, і кого на неї запрошувати.

Обирайте улюблені заняття
Діти воліють обирати за основу свята те, що в них виходить найкраще та дає змогу похизуватися перед друзями. Популярні варіанти — футбол, плавання, танці та образотворче мистецтво.

«Не хочу!»

Найімовірніше, ваша дитина покращує контроль
над м'язами тіла швидше за словниковий запас,
тож вона може брикатися у гніві чи роздратуванні.
Це може вас засмутити, але не варто втрачати контроль.

Ситуація | **Дитина копнула вас, бо ви сказали їй вимкнути телевізор і йти купатися.**

ВОНА КАЖЕ:

«Не хочу!»

ВИ МОЖЕТЕ ПОДУМАТИ:

«Я в шоці. Як вона могла мене вдарити?»

Брикання, удари та укуси — нормальна частина розвитку дитини. Дитина пробує ствердити свою волю — але коли виходить не так, як вона хоче, доєднується емоційна частина мозку. Стаючи дужчою, дитина експериментує із застосуванням сили.

У такій стресовій ситуації може спрацювати вже ваш інстинкт «бийся або тікай». Сторопівши, ви можете відчути спокусу застосувати силу, щоб примусити дитину підкоритися. Насправді ваша дитина не проявляє агресію навмисне — вона намагається щось до вас донести.

" "

**«ВАША СПОКІЙНА, АЛЕ ТВЕРДА РЕАКЦІЯ
НА ВИБРИК ДОПОМОЖЕ ДИТИНІ НАВЧИТИСЯ
КРАЩЕ КОНТРОЛЮВАТИ ВЛАСНІ ЕМОЦІЇ».**

ВОНА ДУМАЄ:

«Я люблю маму, а тепер вона засмучена, бо я її копнула».

Дитина починає розуміти, що кожна дія має наслідки і що у вас також є почуття. Вона жалкуватиме про це, коли заспокоїться та коли раціональна частина її мозку відновить контроль. Ваш смуток також може шокувати її — адже діти цього віку ще вірять, що їхні батьки невразливі.

ПЕРЕГЛЯНЬТЕ ПОВ'ЯЗАНІ ТЕМИ

«Це нечесно!» с. 180—181
«Але я не хочу спати!» с. 216—217

ЯК РЕАГУВАТИ

Негайно:

Не бийте у відповідь. Говорячи повільно і м'яко, порадьте дитині дихати глибоко, щоб заспокоїтися. Не сперечайтеся — це лише дужче її збудить. Запропонуйте альтернативу, приміром: «Ходімо поглянемо, що там робить татко». Це допоможе дитині перемкнутися.

Поговоріть про це. Коли дитина заспокоїлася і знову може мислити логічно, скажіть їй, що розумієте її роздратування, але брикання — це поганий спосіб проявити гнів. Повторіть основне правило: «У нашій сім'ї не копають одне одного».

Помиріться якнайшвидше. Коли мала заспокоїться, обійміть її, але поясніть, які почуття викликала її поведінка: так вона розумітиме почуття інших людей. Поясніть, що сердитися нормально, але не нормально кривдити інших.

На майбутнє:

Попросіть дитину висловитись. Коли дитина спокійна, допоможіть їй показати або намалювати, якою частиною тіла вона відчуває гнів. Підкажіть їй слова, що допоможуть виразити це почуття, — щоб вона могла попередити вас, коли їй захочеться брикатись. Підкажіть їй образи, що допоможуть передати її стан, як-от кипіння води чи виверження вулкану.

Запровадьте ритуали. Діти більше схильні до фізичного насильства, коли зголодніли, втомилися, спожили забагато цукру чи перезбудилися через надмірність або вражень. Встановіть розпорядок, щоб дитина знала, чого очікувати: це знижує вірогідність протестів.

«Я намочив ліжечко»

Суха постіль — остання стадія привчання до вбиральні. Щоб це стало реальністю, дитина мусить пройти чимало стадій розвитку — тож різні діти досягають цього у різному віці. У чотирирічному віці нічне нетримання мають четверо з десяти, у п'ятирічному — 25 % дітей.

Ситуація | Ваш малюк намочив ліжечко, уже втретє за тиждень.

ВІН КАЖЕ:

«Я намочив ліжечко».

Є безліч причин нічного нетримання. Можливо, нервова система малюка ще недостатньо розвинена, щоб переповнений сечовий міхур міг його розбудити, або ж його сечовий міхур менший за звичайний. Якщо хтось із батьків у дитинстві мав нічне нетримання — ризик дітей мати ту саму проблему вищий на 25 %.

> **«ПОВІРТЕ: ОДНОГО ДНЯ ПРОБЛЕМА ЛИШИТЬСЯ У МИНУЛОМУ, А ТИМ ЧАСОМ СЛІД БЕРЕГТИ САМООЦІНКУ МАЛЮКА».**

ВИ МОЖЕТЕ ПОДУМАТИ:

«Перестеляти посеред ночі — таке собі задоволення. Коли вже він це переросте?»

Попри роздратування спробуйте проявити розуміння. Звісно, згадка про те, що більшість дітей переростає нічне нетримання, — слабка втіха, коли доводиться переривати сон та частіше прати постіль. Утім, це поза сферою контролю малюка, тож проявіть розуміння.

ПЕРЕГЛЯНЬТЕ ПОВ'ЯЗАНІ ТЕМИ

«Мені наснився страшний сон» с. 140—141
«У мене аварія» с. 144—145

ВІН ДУМАЄ:

«Мені так соромно... Сподіваюся, ніхто не дізнається».

Нічне нетримання може «підмочити» самооцінку малюка. Він може вважати, що це немовляча поведінка; йому буде прикро, що він знову завдав вам незручностей, — отже, малий потребуватиме втішання, більше часу з вами, а також запевнень, що це мине. Тривожність може посилити проблему.

ЯК РЕАГУВАТИ

Негайно:

Зберігайте оптимізм. Хваліть малюка щоразу, коли ліжечко лишається сухим, та не загострюйте уваги на випадках, коли воно мокре.

Налаштовуйте на позитив. Говоріть з малим, уникайте слів «обмочився», «впісявся» тощо. Якщо ви чи подружжя мали цю проблему в дитинстві — розкажіть малому про це, щоб він мав приклад людини, яка це переросла.

На майбутнє:

Будьте практичними. Встановіть розпорядок сну. Не давайте малюкові пити понад міру протягом години перед сном, а також зводіть його до вбиральні перед вкладанням у ліжечко. Прочиніть на ніч двері його кімнати та лишіть світло у санвузлі.

Поговоріть із малюком. Можливо, його щось тривожить?

Зверніться до фахівця. Більшість дітей переростуть нічне нетримання до 6—7 років, але якщо це трапляється дуже часто — познача-йте кожен випадок у календарику та порадьтеся з педіатром.

«Погані люди нас скривдять?»

Підростаючи, діти дізнаються більше і про навколишній світ, і про його небезпеки. Дитина може почути, як старші діти чи дорослі обговорюють теракт, і це може викликати страх, що «погані люди» скривдять її та її близьких.

Ситуація | **Після теракту дитина тривожиться, що серед жертв наступного може опинитися вона сама чи близька їй людина.**

ВОНА КАЖЕ:

«Погані люди нас скривдять?»

ВИ МОЖЕТЕ ПОДУМАТИ:

«Навіть не знаю, що сказати, щоб вона заспокоїлася та перестала боятися».

Світ видається дітям чорно-білим: їм хочеться вірити, що погане трапляється тільки з поганими людьми. Усвідомлення, що погане може трапитися з будь-ким, зазвичай шокує дитину. Вона шукатиме ознак тривоги на обличчях інших та постійно хвилюватиметься, чи все гаразд.

Розуміння того, що від терактів страждають невинні люди, суперечить дитячому вродженому почуттю справедливості. Вам може здаватися, що обговорювати з дитиною такі теми зарано, але варто допомогти їй зрозуміти те, що трапилося, та запевнити, що з нею та її близькими все буде гаразд.

◄ ПЕРЕГЛЯНЬТЕ ПОВ'ЯЗАНІ ТЕМИ ►

«Я боюся темряви» с. 118—119
«Ти також помреш?» с. 166—167

66 99

«ДІТИ МАЮТЬ ВАС ЗА ВЗІРЕЦЬ, ТОЖ РАЦІОНАЛІЗУЙТЕ ВЛАСНІ СТРАХИ, ЩОБ ПІДТРИМАТИ МАЛЮКА».

ВОНА ДУМАЄ:

«Як мені знати, що такого не станеться з моїми близькими?»

У цьому віці дитина чітко ділить людей на «хороших» та «поганих». Дитині буде спокійніше, коли вона знатиме, що хороших людей значно більше і що вони дбають про її безпеку. До речі, цієї миті почуття безпеки є її пріоритетом, щоб можна було відновити втрачену рівновагу та знову повірити в стабільність світу.

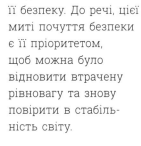

ЯК РЕАГУВАТИ

Негайно:

① Вислухайте. Запитайте в дитини, що вона знає і що відчуває. Так ви зможете поговорити про конкретні тривоги.

② Покажіть цілісну картину. Поясніть, що теракти трапляються рідко. Майте на увазі, що дитина ставитиме ті самі запитання, доки її тривожність вщухне. Завжди повторюйте ту саму відповідь, спокійно і послідовно.

③ Частіше обіймайте дитину. Зосередьтеся на обговоренні хорошого в житті: це поверне їй впевненість у безпечності світу.

④ Підкажіть, як дитина може захиститися. Нагадайте їй про маленькі кроки, які вона вже робить для підвищення власної безпеки: пристібається в автівці, їздить на велосипеді у шоломі тощо.

На майбутнє:

Обмежте перегляд випусків новин. Дитина ще не розуміє, що повторні випуски новин про певну пригоду не означають, що це трапилося знову. Краще не давати їй споживати інформацію, яку вона ще не може адекватно сприймати.

«А це приємно»

Діти допитливі і починають пізнання світу з власного тіла. Коли черга доходить до статевих органів, вони можуть зрозуміти, що торкатися цієї частини тіла приємніше за інші, тож деякі діти можуть робити це регулярно.

Ситуація | Ви з малюком дивитеся фільм, аж раптом помічаєте, що він запхав руку до себе у штани.

ВІН КАЖЕ:

«А це приємно».

У колисці малюк вивчає пальчики на своїх руках та ногах, свій пуп — і лише питання часу, коли дійде до вивчення статевого органу. Мірою вдосконалення координації дитина може навмисно шукати цих приємних відчуттів.

❝ ❞

«ВАША РЕАКЦІЯ НА ТЕ, ЩО МАЛЮК ТОРКАЄТЬСЯ СЕБЕ, ВПЛИВАЄ НА ТЕ, ЧИ ЛЮБИТИМЕ ВІН СВОЄ ТІЛО, КОЛИ ВИРОСТЕ, ЧИ СОРОМИТИМЕТЬСЯ ЙОГО».

ВИ МОЖЕТЕ ПОДУМАТИ:

«Мені ніяково. Що, як він зробить це перед іншими? Чи не зарано для прояву сексуального інтересу?»

Хоча бачити таке буває ніяково, не забувайте, що малюк ще не знає про секс, тож торкається своїх геніталій не для самовдоволення, а радше для самозаспокоєння. Знайте, що така поведінка цілком нормальна і з часом мине.

ПЕРЕГЛЯНЬТЕ ПОВ'ЯЗАНІ ТЕМИ

«Обійми мене!» с. 90—91
«Я боюся темряви» с. 118—119

ВІН ДУМАЄ:

«Чому не можна торкатися цієї частини тіла? Ніхто ж не засмучується, коли я торкаюся інших частин».

Торкатися себе — акт самозаспокоєння, так само як смоктання великого пальця. Це не є сексуальною поведінкою. Малюк може торкатися себе, борячись із нудьгою, сонливістю чи напруженням. Це відволікає, дарує приємні відчуття та заспокоює. Дитина ще не пов'язує ці дії з думками про секс.

ЯК РЕАГУВАТИ

Негайно:

① Підкажіть дитині інші способи самозаспокоєння. Поясніть, щоб почуватися спокійніше, та поясніть, що торкатися геніталій — це дуже приватний жест. Підрісши й почавши краще проводити межу між публічним і приватним, він перейде до інших, більш соціально прийнятних, способів самозаспокоєння.

② Зберігайте нейтральність. Не кажіть «припини негайно!», «це погано!» тощо — це присоромить малюка. Якщо ви гостро реагуватимете, він може робити це частіше, щоб привернути вашу увагу.

③ Відволікайте. Якщо малюк тягнеться до геніталій при сторонніх, вручіть йому іграшку чи книжку, ковдрочку чи м'яку іграшку.

На майбутнє:

Поясніть простими словами. Якщо малюк питає, чому його пеніс інколи твердішає, — можете розповісти йому про інші тілесні реакції. Приміром, зверніть його увагу на розширення зіниць у більш тьмяному освітленні. Поясніть, що обидві реакції — рефлекторні.

Змініть своє сприйняття. Для багатьох дорослих слово «мастурбація» має суто сексуальне забарвлення, і тому малюк може вирішити з вашої реакції, що це щось сороміцьке. Спробуйте думати про це як про спосіб «зробити собі приємно» та «дослідити власне тіло».

«Я молодець?»

Для дітей природно шукати схвалення батьків. Їм також потрібно розвивати власну внутрішню мотивацію до звершень, якщо вони хочуть чогось досягти, а не просто потішити вас.

Ситуація | Граючи в теніс, дитина відбиває подачу двічі поспіль.

66 99

«ДІТИ КРАЩЕ ВДОСКОНАЛЮЮТЬ СВОЇ НАВИЧКИ, КОЛИ ПИШАЮТЬСЯ СВОЇМИ ДОСЯГНЕННЯМИ».

ВОНА КАЖЕ:

«Я молодець?»

Ще не навчившись говорити, дитина вже зрозуміла, що ви частіше усміхаєтесь і краще реагуєте, коли вона робить те, чого ви від неї хочете. Ваша реакція, своєю чергою, тішить її — тож дитина хоче ще більше вас потішити. Схвалення батьків є базовою потребою дитини, адже ваша любов для неї — найважливіше у житті.

▶ ПЕРЕГЛЯНЬТЕ ПОВ'ЯЗАНІ ТЕМИ ◀

«Я сама!» с. 38—39
«Дивись, як я можу!» с. 92—93

ВИ МОЖЕТЕ ПОДУМАТИ:

«Якщо я хвалитиму її щоразу, коли в неї щось виходить, — вона краще старатиметься й досягне вищих результатів».

ВОНА ДУМАЄ:

«Мама й татко так радіють, коли в мене щось виходить, — отже, вони люблять мене дужче?»

Вам може здаватися, що ваша похвала заохочує дитину більше старатися. Діти дійсно потребують, щоб їх час від часу хвалили, — але якщо робити це занадто часто, малюк стане залежним від вашого схвалення.

Якщо ви завжди показуєте дитині свою любов і хвалите її, коли вона чогось досягне, вона може подумати, що ваша любов до неї залежить від її успіхів. Важливо, щоб вона розвивала власну мотивацію досягати чогось.

ЯК РЕАГУВАТИ

Негайно:

Зосереджуйтесь на процесі. Хваліть зусилля дитини та наполегливість у процесі замість кінцевого результату (хай то перемога чи забивання м'яча).

Спитайте дитину, як вона почувається. Пишатися дитиною — важливо, але не менш важливо — щоб вона пишалася собою. Запитайте в неї, чи вона задоволена собою, поставивши навідне запитання: «Як ти після цього почуваєшся?»

Не встановлюйте ліміт. Захвалювати дитину — одна крайність, не хвалити взагалі — інша. Шукайте «золоту середину».

На майбутнє:

Більше конкретики. Замість автоматично сказати, що дитина «молодець», уточніть, що саме їй вдалося: так вона побачить, що ви помічаєте її.

Не заохочуйте суперництво. Скажіть дитині, що найкраще змагатися з собою: так вона завжди виграватиме, покращуючи власний результат у будь-якій сфері.

«Ти також помреш?»

Коли хтось помирає, маленькі діти переважно не розуміють, що це назавжди. Вони думають, що смерть тимчасова або ж що близька людина просто спить. Варто знати, як пояснити ситуацію максимально делікатно, проте не лишаючи сумніву в незворотності смерті.

Ситуація | Ви повідомили малюка, що помер дідусь.

ВІН КАЖЕ:

«Ти також помреш?»

ВИ МОЖЕТЕ ПОДУМАТИ:

«Мабуть, зарано говорити з ним про смерть».

Смерть родича викличе купу запитань. Малюк може міркувати: «Дідусь помер уві сні — себто кожен може померти уві сні? А що, як це станеться з мамою й татком? Хто про мене подбає?» Його можна заспокоїти, відповідаючи ясно, відкрито та чесно.

Діти здатні нормально сприймати смерть. Не забувайте, що малюк сприймає слова буквально, — тож подбайте, щоб ваше пояснення передало незворотність смерті. Уникайте фраз на кшталт «дідусь спочиває» чи «він пішов від нас». Важливо не збити малюка з пантелику та не завдати йому зайвих хвилювань.

" "

«ВАМ ХОЧЕТЬСЯ ЗАХИСТИТИ МАЛЮКА, АЛЕ ВІДКРИТЕ ОБГОВОРЕННЯ ТЕМИ КРАЩЕ ЗА ТАБУЮВАННЯ».

ВІН ДУМАЄ:

«Куди подівся дідусь? Він перестане бути мертвим і ми знову пограємо?»

Малюкові ще складно розуміти абстрактні поняття часу, як-от «завтра» чи «назавжди», — тож йому непросто сприймати смерть як щось постійне та незворотне. До того як він це зрозуміє, він чекатиме на повернення дідуся. Таке обмежене розуміння зумовлює специфіку горювання (так звані «острівці горя»): щойно малюк сумував — і от він знову веселий.

ЯК РЕАГУВАТИ

Негайно:

Не приховуйте. Поясніть, що коли хтось помирає — його тіло більше не рухається; він не може їсти, розмовляти, дихати; він не знає болю та не може прокинутися. Поясніть, що всі свого часу помруть, але підкресліть, що ви сподіваєтеся жити ще довго.

Назвіть причину. Просто скажіть, чому помер дідусь: «Серце дідуся перетрудилося, адже він прожив дуже довго».

Наведіть приклад з досвіду малюка, як-от смерть домашнього улюбленця чи засихання рослини.

Запропонуйте дитині намалювати свої почуття. Малюк може вирішити: «Дідусь помер, бо я був неслухняним». Запропонуйте йому поговорити про його почуття, намалювати їх або висловити їх у грі.

На майбутнє:

Дайте дитині час. Бажання говорити про смерть може не відпускати малого кілька місяців — тож готуйтеся знову й знову відповідати на запитання. Діти також потребують наочних способів горювання, як-от перегляд сімейних світлин, зберігання пам'ятних речей, запуск повітряної кульки з ім'ям померлого або ж висаджування дерева від імені покійного.

◆ ПЕРЕГЛЯНЬТЕ ПОВ'ЯЗАНІ ТЕМИ ◆

«Мені сумно» с. 132—133
«Погані люди нас скривдять?» с. 160—161

«Але ж ти обіцяв!»

У цьому віці батьки для дитини — цілий всесвіт; малі вчаться вірити на слово через довіру до батьків. Це означає, що коли ви щось пообіцяли — дуже важливо додержати слова, адже діти не мають сумнівів що ви виконаєте обіцянку.

Ситуація | Ви пообіцяли сходити з донькою в парк, але термінова робота змусила змінити плани.

ВОНА КАЖЕ:

«Але ж ти обіцяв!»

Дитина вже розуміє правила, встановлені дорослими, — зокрема щодо дотримання слова. Почуття справедливості підказує їй, що вона може чекати того самого від вас. Порушивши обіцянку, ви змушуєте дитину думати, ніби ваша робота важливіша за неї.

ПЕРЕГЛЯНЬТЕ ПОВ'ЯЗАНІ ТЕМИ

«Мені так добре з тобою!» с. 108—109
«Ти ніколи не маєш часу!» с. 128—129

ВИ МОЖЕТЕ ПОДУМАТИ:

«Я ж дійсно збирався піти з нею! Звідки мені було знати, що з'явиться термінова робота – та ще й у неділю?»

ВОНА ДУМАЄ:

«Дорослі підводять мене та не виконують обіцянок!»

Обставини змінюються, тож завжди дотримувати слова просто неможливо. Вам буде прикро бачити розчарування дитини, але не варто намагатися задобрити її. Це може принести вам миттєве полегшення, але в далекій перспективі дасть більше шкоди, аніж користі.

Діти цього віку впевнені, що батьки ухвалюють рішення на власний розсуд, — тож доньці складно усвідомити, що хтось інший (начальник) вказує вам. Вона пробачить вам, якщо зрозуміє, що на це була причина, на яку ви не могли вплинути.

ЯК РЕАГУВАТИ

Негайно:

Перепросіть. Розділіть розчарування дитини та щиросердно перепросіть. Скажіть, що ви її любите. Поясніть, що життя не ідеальне. Покажіть, що ви теж засмучені.

Запропонуйте цікаву альтернативу. Спитайте, чим дитина може зайнятися (приміром, доробити малюнок), поки ви закінчите роботу. Пообіцяйте зробити щось особливе разом, як і планували, одразу після завершення роботи.

На майбутнє:

Відстоюйте сімейний час. Не можна передбачити усе, але час для дитини мусить бути в пріоритеті.

Не обіцяйте забагато. Дитяча пам'ять вибіркова — але те, на що дуже чекають, вони пам'ятатимуть довго. Обережно добирайте слова. Краще скажіть «я збираюся…», «я спробую…», якщо маєте бодай найменший сумнів.

Не мовчіть про своє розчарування. Вміння впоратися з розчаруванням — важлива навичка для дитини. Поділіться особистим досвідом подолання розчарування та запевніть, що з часом воно мине.

Розлучення

Чимало сімей переживають непрості часи,
коли подружжя вирішує пожити окремо
або й розлучитися. Хоч які причини, тяжко усім —
надто дітям, яким лячно, що розходяться двоє людей,
від яких вони так залежать.

Дорослим хочеться вірити, що діти достатньо стійкі. Але розлучення батьків — для дітей переломний момент, надто коли подальше життя суттєво відрізнятиметься від звичного.

Для малюка тяжкий удар — почути, що батьки більше не люблять одне одного; розриватися між двома домівками; втратити можливість

бути одразу з обома людьми, які його люблять і дбають про нього.

Але нерідко найтяжчого удару завдає не саме розлучення, а конфлікти та агресія між батьками — тож ретельне планування і тактовність допоможуть пом'якшити цю звістку для дитини.

«ДИТИНІ ЛЕГШЕ ВІДНОВИТИ РІВНОВАГУ, КОЛИ ПІСЛЯ РОЗЛУЧЕННЯ ДОРОСЛІ ЗБЕРІГАЮТЬ ПРИЯЗНІ СТОСУНКИ».

1

Скажіть дитині разом. Ця розмова лишається в пам'яті більшості дітей назавжди. Повідомте малюка разом та не втрачайте оптимізму: так цей спогад буде менш болісним.

4

Не завалюйте дитину подарунками. Особливі подарунки можуть створити у малюка враження, що від нього «відкупаються», аби він не виказував смутку.

7

Зберігайте діловий підхід. Ви обоє маєте виходити з інтересів дитини. Відклавши власні почуття ви можете об'єднати зусилля та ухвалити найкращі рішення.

9

Майте терпіння. Дитині може знадобитися до двох років на відновлення емоційної рівноваги.

10 основних принципів

2

Поясніть основні моменти. Скажіть, що вам погано разом і ви домовилися жити окремо, залишатися друзями та дбати про малюка по черзі — без сварок. Підкресліть, що це залишиться незмінним.

3

Заспокойте. Поясніть малюкові, як це змінить його життя (не ваше). Дайте відповідь на найважливіше запитання вашого малюка: «Хто ж про мене подбає?» Запевніть, що ви обоє подбаєте про нього — просто житимете в різних домівках.

5

Не критикуйте. Хай там що між вами сталося, ви обоє залишаєтеся для малюка єдиними батьком та матір'ю. Зберігайте нейтральний тон у присутності малого; не змушуйте його розриватися між вами.

6

Вислухайте дитину. Малюк може відчувати розмай емоцій — зокрема гнів. Дитина може хотіти, щоб ви залишилися разом. Поясніть, що сумувати — це нормально. Дайте дитині можливість обговорити ситуацію з її точки зору, не змушуючи обирати між вами та не нав'язуючи власного бачення.

8

Подбайте про себе. Лише подбавши про себе, ви зможете дбати про дитину. Заручіться допомогою друзів та родичів; спробуйте звернутися до груп підтримки. Якщо між вами та колишнім подружжям залишилися нерозв'язані конфлікти, уникнути ворожого ставлення допоможе, наприклад, медитація.

10

Зберігайте звичний розпорядок. Нехай життя залишається якомога більш звичним. Ігри з друзями, подорожі та сімейні заходи допоможуть дитині відчути, що її світ досі безпечний і передбачуваний. Попросіть колишнє подружжя дотримуватися того самого графіку сну та прийомів їжі у своїй домівці.

За віком

2—3
РОКИ

Втішайте, втішайте, втішайте
Маленькі діти часто дають вихід емоціям, надмірно реагуючи на дрібниці. Не списуйте це на вередливість; обіймайте та заспокоюйте малюка.

Регрес — це нормально
Діти можуть повернутися до того, що вже переросли, — плачу перед сном, нічного нетримання, сепараційної тривожності. Майте терпіння.

4—5
РОКІВ

У садочку мають знати
Розкажіть про розлучення виховательці, щоб вона розуміла причину зміни поведінки дитини.

Єдиний фронт
Спілкуйтесь із колишнім подружжям приязно, щоб дитині не було ніяково, коли ви обоє приходите на заходи та концерти у садочку.

6—7
РОКІВ

Це не твоя провина
Діти схильні звинувачувати себе у вашому розриві. Впевнено поясніть, що це не дитяча провина.

Дивись на речі реально
Малюк може мріяти про ваше возз'єднання — але це затягне процес відновлення рівноваги та зробить ваші повторні шлюби тяжчим випробуванням. Запевніть малого, що то рішення дорослих, на яке він не має впливу.

«Хочу зробити бездоганно!»

Усі батьки хочуть, щоб дитина проявляла старанність — виконуючи шкільні завдання, граючи на музичному інструменті, тренуючись у певному виді спорту чи опановуючи будь-що інше. Але інколи діти самі стають для себе найприскіпливішими суддями.

Ситуація | Побачивши, що написала літеру С не в той бік на вітальній листівці, дитина шматує нещасну картонку.

Помірний перфекціонізм може допомогти дитині бути стараннішою, але інколи діти зациклюються на тому, щоб усе робити правильно. Це підриває їхню віру в себе та змушує боятися починати щось нове. Є два основні види перфекціонізму.

◉ Перфекціонізм, що шукає схвалення інших, — коли дитина хоче здаватися бездоганною в очах інших людей. Їй здається, що люди сміятимуться з її помилок, тож вона стає тривожною і прагне робити все як слід, щоб вберегтися від осуду.

◉ Перфекціонізм, що шукає схвалення від себе, — коли дитині подобається відчувати задоволення через відповідність власним високим стандартам, але вона може стати залежною від нагород (високі оцінки, похвали вчителів) та працювати до знесилення, відкладаючи інші свої потреби на потім.

« »

«ЗАПЕВНІТЬ ДИТИНУ, ЩО ПОМИЛКИ — НАЙКРАЩА НАУКА».

ПЕРЕГЛЯНЬТЕ ПОВ'ЯЗАНІ ТЕМИ

«Я здаюся!» с. 116—117
«Я нікчема!» с. 210—211

ДОРОГОВКАЗИ

Види перфекціонізму:

ПЕРФЕКЦІОНІЗМ, ЩО ШУКАЄ СХВАЛЕННЯ ІНШИХ

ОЗНАКИ

Гостра реакція на найменші помилки: дитина воліє пошматувати чи замазати результат своєї праці, якщо той видається недостатньо хорошим.
Впевненість, що є лише один правильний спосіб виконати завдання.
Відкладання домашніх завдань до останнього або ж повне їх ігнорування.
Тривожність через те, що подумають інші.
Припинення спроб через страх зазнати краху.

ТРИГЕРИ:

Домашні чи класні роботи, які будуть оцінювати чи порівнювати з іншими.
Тести та іспити.
Публічні виступи (на концертах чи зібраннях у садочку чи в школі).

РЕАГУВАННЯ

① **Хваліть за зусилля,** а не за результат. Допоможіть зрозуміти, що насолоджуватися діяльністю та навчитися чогось важливіше за ідеальний результат.

② **Поясніть дитині, що внутрішній голос,** який постійно каже, що в неї виходить «недостатньо добре», схожий на забіяку, який сковує політ її фантазії, змушуючи сумувати та непокоїтися.

③ **Розпрощайтеся з власним перфекціонізмом.** Встановіть розумну планку та припиніть зосереджуватися на результаті; давайте приклад дитині.

④ **Поясніть, що є шкала оцінювання** від 1 до 10 і що неможливо усюди отримувати 10.

⑤ **Заохочуйте прагнення зростати:** це допоможе перейти від «я не можу» і «я не буду» до «я спробую».

ПЕРФЕКЦІОНІЗМ, ЩО ШУКАЄ СХВАЛЕННЯ ВІД СЕБЕ

ОЗНАКИ

Витрачання купи часу на домашні завдання, щоб робота була найкращою.
Бажання записатися в усі гуртки чи опанувати кілька музичних інструментів, щоб показати, яка вона талановита.
Ігнорування власних потреб у розвагах, іграх та відпочинку.
Порівняння себе з іншими та вихваляння своїми досягненнями перед однолітками.

ТРИГЕРИ:

Програні спортивні змагання.
Тести, завдання, іспити та змагання, у яких дитина встановлює для себе високу планку та збирається бути найкращою.
Проєкти, над якими доводиться працювати разом з дітьми, що мають нижчі вимоги до себе.

РЕАГУВАННЯ

① **Не хваліть роботи** дитини як «кращі за роботи інших дітей»: підкреслюйте їх унікальні риси.

② **Тепло вітайте** досягнення дитини, але без особливого захвату: адже це може переконати, що її цінність залежить лише від її досягнень.

③ **Хваліть за якості,** котрі неможливо виміряти, — як-от доброта чи почуття гумору.

④ **Замість питати про** оцінки чи результат спортивних змагань поцікавтеся, чого дитина навчилася та чи сподобалася їй гра.

⑤ **Нехай ваша любов та подарунки** не залежать від досягнень дитини. Ніколи не кажіть: «Отримаєш хорошу оцінку — куплю тобі нову іграшку».

«Не можна малювати на стінах!»

У цьому віці діти вже знають чимало правил — але це не завжди означає, що правил постійно дотримуються. Порушення трапляються, коли діти випробовують межі дозволеного або ж коли вони ще недостатньо опанували свої імпульсивні бажання робити перше, що спало на думку.

Ситуація | Ви застали малюка за розмальовуванням стіни — і він сам повторює порушене ним правило.

ВІН КАЖЕ:

«Не можна малювати на стінах!»

ВИ МОЖЕТЕ ПОДУМАТИ:

«Ото негідник! Знає, що не можна, — і все одно малює!»

Малюк постійно пробує робити щось нове, інколи порушуючи правила. Йому самому це може здаватися «прикрою випадковістю»: малий тримає олівця в руках — і тут йому в око впадає стіна, така схожа на велетенський аркуш паперу. Ваша поява нагадала йому, що він вчинив неправильно, і він намагається показати вам, що це розуміє.

Спіймавши малого «на гарячому», ви можете бути спантеличені його визнанням, що він робив чого не слід. Але таке порушення правил — не наслідок нехтування вами. Зрозумійте складність його ситуації: відділи мозку, що відповідають за імпульсивність та самоконтроль, досі розвиваються — тож миттєве бажання творити могло заглушити завчені правила.

ПЕРЕГЛЯНЬТЕ ПОВ'ЯЗАНІ ТЕМИ

«Це не я!» с. 142—143
«Я молодець?» с. 164—165

66 99

«ЗДАТНІСТЬ МАЛЮКА ПОВТОРИТИ ПРАВИЛО НЕ ЗАВЖДИ ОЗНАЧАЄ ЙОГО ЗДАТНІСТЬ ДОТРИМУВАТИСЯ ЦЬОГО ПРАВИЛА: МОЖЕ ЗАБРАКНУТИ САМОКОНТРОЛЮ».

ВІН ДУМАЄ:

«Мені подобається водити олівцями по стіні».

Малюк вчиться розуміти причинно-наслідкові зв'язки: він прикладає олівця до поверхні — і на ній з'являється кольорова лінія. На цьому етапі розвитку йому простіше малювати на вертикальних поверхнях.

ЯК РЕАГУВАТИ

Негайно:

Покажіть, що ви розумієте суперечливі почуття дитини. Якщо малюк повторює правило, коли ви спіймали його на гарячому, не варто гніватися: пам'ятайте, що він ще не може пояснити, чому піддався миттєвому пориву.

Попросіть малюка допомогти вам змити малюнок. Нехай має справу із прямим і негайним наслідком свого вчинку.

Поясніть, як правильно. Вкажіть, що розписувати стіни не можна, бо ці стіни не лише його і вони не призначені для малювання.

На майбутнє:

Надайте альтернативу. Придбайте великі аркуші, які можна кріпити на вертикальну поверхню, або ж кольорову крейду для малювання надворі.

Заохочуйте дитину до творчості. Заждіть демонструвати власні художні здібності: це може засмутити малюка, адже він ще не може малювати на такому самому рівні. Проявляйте інтерес, але нехай лише він вирішує, що відбуватиметься на його малюнку.

РОЗДІЛ 5

6—7
років

«Мамо, послухай!»

Приблизно до 7 років діти переважно живуть теперішнім моментом. Вони нерідко перебивають дорослих, адже надзвичайно зосереджені на власних потребах та ще не мають повного контролю над своїми імпульсами.

Ситуація | Дитина постійно перебиває та розповідає про придуману нею гру, доки ви телефонуєте подрузі.

ВОНА КАЖЕ:

«Мамо, послухай!»

ВИ МОЖЕТЕ ПОДУМАТИ:

«Чому вона постійно перебиває дорослих?»

У перші роки ви негайно реагували на крики та бажання дитини — і тепер їй складно звикнути до зміни моделі взаємин.

Така набридливість дратує, але вас може охопити почуття провини. Утім, не забувайте, що негайне виконання усіх забаганок створить у дитини враження, що лише її потреби є значущими.

"

"

«ДОПОМОЖІТЬ ДИТИНІ ЗРОЗУМІТИ, ЩО ВОНА ЦІКАВИТЬ ВАС ЗАВЖДИ — НАВІТЬ КОЛИ ВИ ЗАЙНЯТІ».

ЯК РЕАГУВАТИ

Негайно:

Подайте знак. Покажіть дитині, що ви звернули на неї увагу: усміхніться та злегка стисніть її долоньку на знак розуміння, що вона чогось від вас хоче. Покажіть на пальцях, скільки хвилин слід зачекати.

Встановіть строк. Дитина вже розуміє, що час можна розбивати на коротші відрізки та розподіляти між різними заняттями. Щоб у доньки не склалося враження, що вона чекатиме цілу вічність, попередьте: «Мені знадобляться 10 хвилин тиші, щоб зателефонувати до пані Яни. Я вислухаю тебе, щойно завершу дзвінок».

На майбутнє:

Плануйте дзвінки на час, коли ви не з дитиною. Час, проведений з дитиною, — безцінний; до того ж дитина вирішить, що ви ігноруєте її, якщо вам постійно ніколи з нею поговорити. За можливості плануйте довгі телефонні розмови (та просіть друзів передзвонити) на той час, коли дитина у школі або спить.

Плануйте наперед. Краще попередити перебивання, ніж відмахуватися в процесі. Запропонуйте дитині іграшки, книжки чи інші тихі справи, поки ви розмовляєте. Перш ніж брати слухавку, запитайте в дитини: «Чи хочеш ти що-небудь сказати, перш ніж я почну розмову? Які в тебе плани на найближчий час?»

Будьте за взірець. Дорослі нерідко забувають, що вони також перебивають дітей. Проявляйте ґречність та повагу, якщо хочете бачити їх у поведінці дитини. Приміром, скажіть: «Бачу, тобі дуже весело грати — але мушу перервати тебе за кілька хвилин, щоб ми встигли прибрати в кімнаті перед сном».

ВОНА ДУМАЄ:

«Не можу дочекатися! До того ж мама сама постійно мене перебиває — отже, це нормально».

Діти цього віку вже більш-менш навчилися відкладати задоволення на потім, тож за певного заохочення дитина може зачекати декілька хвилин. Та довге очікування досі викликає в неї почуття безнадії та покинутості. Вона не бачить нічого поганого у перебиванні вас — адже ви, найімовірніше, так само переривали її під час гри.

ПЕРЕГЛЯНЬТЕ ПОВ'ЯЗАНІ ТЕМИ

«Як виділити якісний час» с. 84—85
«Мені нудно» с. 218—219

«Це нечесно!»

Мірою розвитку почуття справедливости діти можуть регулярно скаржитися на неоднакове ставлення до них, надто порівняно з братом чи сестрою. Так починається період сумнівів у рішеннях батьків та закономірностях світу.

Ситуація | **Малюк питає, чому він мусить лягати спати на годину раніше, аніж його дев'ятирічна сестра.**

ВІН КАЖЕ:

«Це нечесно!»

ВИ МОЖЕТЕ ПОДУМАТИ:

«Отакої! Я ще й винним лишився».

Для малюка буває нестерпно уявляти, скільки всього цікавого може статися за його відсутності. Він може реагувати гостро не на сон, але на те, що йому дістанеться менше вашого часу.

Вас обурює, що діти, попри ваші зусилля, завжди знайдуть причину звинувати вас у нечесності. До речі, не варто казати «життя взагалі нечесне» як контраргумент: хоча це правда, прибережіть це пояснення, доки малюк підросте. Ця концепція заскладна для нього.

❝ ❞

«ЩОДНЯ ВИДІЛЯЙТЕ ДЛЯ МАЛЮКА «ОСОБЛИВИЙ ЧАС», І ВІН МЕНШ ВІРОГІДНО ЖАЛІТИМЕТЬСЯ НА НЕЧЕСНІСТЬ».

ВІН ДУМАЄ:

«Інколи здається, що батьки не люблять мене так, як її».

У цьому віці діти особливо ревно пильнують рівність розподілу вашого часу та уваги (хоча малюк воліє «не помічати» випадки, коли щось більше або краще перепадає саме йому). Він може, наприклад, не лягати допізна, доводячи, що він дорослий, як сестра.

ЯК РЕАГУВАТИ

Негайно:

Зупиніться й вислухайте.
Скажіть: «Я розумію твій жаль, але є важливі причини, щоб ти лягав трохи раніше».

Поясніть причини. Діти різного віку мають інакші потреби. Коли дітям 9 та 6 років, молодший син потребує більше сну, бо його мозок розвивається активніше. Запевніть, що коли йому буде 9 років, він лягатиме пізніше.

Поясніть, що «чесно» — це не завжди «одна-ково». Наведіть приклад: якщо його сестра любить книжки про хом'ячків, а він — ні, чи варто подарувати кожному з них по такій книжці на день народження?

Не розводьте полеміку. Скажіть, що ваше рішення остаточне. Запропонуйте відвести малюка до ліжка та почитати казку на його вибір (так він матиме хоч трохи контролю над ситуацією).

На майбутнє:

Приділяйте дитині «особливий час». Виділіть для малюка особисто 10—15 хвилин свого часу щодня, на додачу до читання казочок перед сном. Залучіть його до ухвалювання інших сімейних рішень (що приготувати на вечерю, куди піти на прогулянку): так він відчує, що його думка має вагу.

► ПЕРЕГЛЯНЬТЕ ПОВ'ЯЗАНІ ТЕМИ ◄

«Але мама дозволила!» с. 186—187
«Але я не хочу спати!» с. 216—217

«У мене не вийде!»

Усі ми хочемо, щоб наші діти були впевненими учнями, налаштованими на успіх, — тож нас непокоїть, коли дитина не хоче навіть спробувати через страх зазнати краху. Для подолання такого виснажливого перебігу думок їй знадобиться ваша допомога.

Ситуація | **Ледь поглянувши на домашнє завдання, дитина зминає аркуш із вправами та кидає його на підлогу.**

ВОНА КАЖЕ:

«У мене не вийде!»

ВИ МОЖЕТЕ ПОДУМАТИ:

«Я завжди кажу дитині, яка вона тямуща. Чому ж вона так мало в себе вірить?»

Дитину тривожить відсутність розуміння, що їй написати; ця тривожність викликає реакцію «бийся або тікай». Втрачається зв'язок із раціональною частиною мозку, і мала вже дійсно не може взятися до завдання.

Може здаватися, що дитина занадто драматизує, щоб позбутися «домашки», або ж вас може непокоїти, що такі установки перетворяться на самопрограмування. Вам захочеться переконати дитину, що все в неї вийде, але вона не повірить вам, бо ваші слова неспівставні з її почуттями.

❝ ❞

«КОЛИ ДИТИНА КАЖЕ, ЩО В НЕЇ ЩОСЬ НЕ ВИЙДЕ, ЗАПЕВНІТЬ, ЩО СПРОБУВАТИ ВСЕ ОДНО ВАРТО».

ВОНА ДУМАЄ:

«Мій внутрішній голос каже, що нічого не вийде. Мабуть, так воно й є!»

Дитині здається, що варто дослухатися до внутрішнього голосу, коли вже він щось каже. Вона не знає, з чого розпочати, — та поспіхом вирішує, що завдання непосильне.

ЯК РЕАГУВАТИ

Негайно:

Запевніть дитину, що можна не слухати. Негативний внутрішній діалог — форма спрямованої на себе агресії. Дитина не розуміє, що вона має вибір не дослухатися до внутрішніх голосів. Поясніть їй, що подібні думки паралізують її мозок і не дають йому працювати на повну силу.

Допоможіть дитині дати негативним голосам імена. Запропонуйте уявити особу, що живе в її голові та підриває її віру в себе. Нехай дасть цій «особі» ім'я, на кшталт «пані Нездара» чи «пані Негатив»: так дитині буде простіше наказати голосам замовкнути.

Хваліть кожен крок до мети. Передусім дайте дитині заспокоїтися. Коли вона зробить іще один підхід до домашнього завдання — хваліть її за кожен завершений етап. Поговоріть з учителькою, щоб зрозуміти рівень знань дитини та заручитися підтримкою.

На майбутнє:

Навчіть давати відсіч. Поповнюйте арсенал дитини коротенькими та влучними мантроподібними твердженнями. Приміром, «що більше я пробую — то краще росте мій мозок».

Критикуйте обережно. Батькам здається, що вони мусять натаскувати дитину на успішне навчання в умовах постійної конкуренції. Деякі ваші зауваження дитина може сприймати як жорстку критику. Підкреслюйте те, що в дитини виходить добре, і не загострюйте увагу, коли щось не виходить.

ПЕРЕГЛЯНЬТЕ ПОВ'ЯЗАНІ ТЕМИ

«Я нікчема!» с. 210—211
«Я гірший за них» с. 220—221

«Ненавиджу тебе!»

Діти відчувають емоції гостріше за дорослих. Вони можуть щиро захоплюватись вами, коли все добре, — але коли щось іде не так, як їм хочеться, життя видається жахливим (і ви також). У такі моменти малюк може сприйняти своє роздратування за ненависть.

Ситуація | **Ви не дозволили малюкові подивитися ще один випуск його улюбленої передачі.**

ВІН КАЖЕ:

«Ненавиджу тебе!»

ВИ МОЖЕТЕ ПОДУМАТИ:

«Як він міг таке сказати? Він це всерйоз?»

Такі слова можуть шокувати, але показують впевненість малюка у тому, що його емоційний зрив не вплине на вашу любов до нього.

Ви так любите свого сина — саме тому чути від нього подібні слова так болісно. Він лише вчиться опановувати емоції — то важливіше встановити чіткі межі й не порушувати їх попри напруження обстановки.

❝ ❞
«НЕНАВИДЖУ ТЕБЕ!» — ЦЕ СПРОБА МАЛЮКА ВКЛАСТИ СИЛЬНІ ЕМОЦІЇ, ЯКИХ ВІН ЩЕ НЕ ВМІЄ ВИСЛОВИТИ, У ПРОСТІ СЛОВА».

ВІН ДУМАЄ:

«Ненавиджу, коли дорослі постійно розказують, що мені робити. Це нечесно!»

Слова **«ненавиджу тебе!»** вихоплюються через активність емоційно реактивної (а не логічної) частини мозку малюка. Думати про ненависть і відчувати її — не те саме. Малюкові ще бракне слів та самоконтролю, щоб сказати: «Мені подобається ця передача, і я серджуся, що ти не дозволяєш мені дивитися її скільки завгодно».

◆ ПЕРЕГЛЯНЬТЕ ПОВ'ЯЗАНІ ТЕМИ ◆

«Якби в мене були інші батьки!» с. 194—195
«Завжди мені нічого не можна!» с. 238—239

ЯК РЕАГУВАТИ
Негайно:

Зберігайте спокій. Найімовірніше, малюк зараз занадто накручений та просто не почує будь-які ваші слова. Не варто казати «а я тебе люблю» чи «ти ж знаєш, що насправді любиш мене» — це лише присоромить малюка. Відсторонíться від ситуації на хвилинку-другу, щоб не втратити контроль над емоціями.

Дайте визначення емоціям. Малюк в емоційному розладі. Покажіть, що розумієте його стан, не вдаючись до оцінок його поведінки.

Знайдіть способи впоратися із сильними почуттями. Запропонуйте дитині зробити кілька глибоких вдихів-видихів або ж стиснути іграшку. Так малюк опанує свої емоції, хоча це й потребуватиме певного часу.

Зосередьтеся на проблемі малюка. Пам'ятайте — його слова стосуються не вас. Він ненавидить не вас, а те, що його обмежують. Тож зберігайте спокій.

На майбутнє:

Дайте пристрастям влягтися. Не варто карати малюка. Пізніше йому, найімовірніше, буде соромно, тож допоможіть проаналізувати ситуацію. Поясність, що його забаганки не завжди будуть вдовольнятися, — для його ж власного блага.

«Але мама дозволила!»

Якщо між батьками немає згоди стосовно правил, що діють у домі, у найкращому разі це дратуватиме, у гіршому — нашкодить. Такі розходження посилять відчуженість та напруження між подружжям, а також відчуття непевності й незахищеності у дитини.

Ситуація | Прийшовши додому, ви бачите дитину із планшетом — попри домовленість «жодного екрану в робочі дні».

ВОНА КАЖЕ:

«Але мама дозволила!»

Дорослі часто мають різні погляди на виховання. Конфлікти через виховання дитини, зокрема встановлення для неї правил, може викликати напруження у стосунках. Коли ж батьки виступають як команда, це допомагає дитині краще розуміти, чого від неї хочуть, та почуватися більш захищеною.

ПЕРЕГЛЯНЬТЕ ПОВ'ЯЗАНІ ТЕМИ

«Це нечесно!» с. 180—181
«Годі сваритися!» с. 214—215

ВИ МОЖЕТЕ ПОДУМАТИ:

«Я завжди стежу, щоб дитина не «залипала» у ґаджетах протягом робочого тижня. Нащо порушувати правила?»

ВОНА ДУМАЄ:

«Мама й татко не можуть домовитися щодо правил. Що ж мені робити?»

Опрацювання та встановлення правил, яких мають дотримуватися діти, — завдання непросте, тож ви, найімовірніше, обурюєтеся, коли ваші зусилля зводять нанівець. Ви розлючені, що ваші слова поставлено під сумнів; до того ж дитина побачила, як можна налаштувати батьків одне проти одного.

Дитина ще не здатна зрозуміти, чому батьки не можуть домовитися між собою, але відчуває страх, непевність, а можливо, й гнів, опинившись в епіцентрі протистояння. Дитина почувається більш захищеною, коли батьки поділяють спільну позицію, навіть якщо з ваших протистоянь можна дістати короткочасні вигоди.

ЯК РЕАГУВАТИ

Негайно:

Притримайте язика. Не показуйте свого гніву та несхвалення у присутності дитини: це підірве авторитет обох батьків.

Поновіть домовленість. На заперечення дитини «а мама мені дозволила» спокійно відкажіть: «Іноді ми робимо невеличкі відступи, але зараз ми обоє згодні, що тобі час закінчувати з планшетом». Повторіть правило, щоб показати дитині необхідність його дотримуватись.

На майбутнє:

Виступайте спільним фронтом. Наступного разу, коли вам не сподобається, як партнерка владнала ситуацію, запитайте: «Чи можу я допомогти?» — замість заперечувати її дії, які видаються вам неправильними.

Домовтесь про командний підхід. Залишившись наодинці, поговоріть про ваші погляди на виховання. Поясніть одне одному, чому певні моменти для вас важливі, та знайдіть компромісні рішення.

Не «компенсуйте» одне одного. Не намагайтеся бути більш строгим, щоб «компенсувати» поблажливість партнерки.

Чемність

Коли позіхає чи відригує немовля — це мило.
Але щойно малюк навчився ходити — від нього очікують,
що він засвоїть правила чемності й поводитиметься
як «мінідорослий».

Батьки наполегливо вчать дітей гарних манер. Утім, чемність — це не лише про вміння їсти ножем та виделкою, а передусім про здатність розуміти потреби та почуття інших людей та про шанобливе до них ставлення.

Згідно з дослідженнями, чемність — важлива життєва навичка, що сприяє дружбі та професійному успіху.

Діти розуміють її десь із дворічного віку, коли в них з'являється розуміння соціального життя, а також почуттів інших людей, з якими також слід бути ґречними. Інколи слід покладатися на власний розсуд, щоб розуміти, чи відповідають очікування щодо поведінки малюка власне рівневі його розвитку. Головне в навчанні ґречності — послідовність, повторюваність і терплячість.

1

Будьте чемними. Виховання чемної дитини має бути усвідомленим рішенням, адже вам теж доведеться послідовно бути чемними — як удома, так і поза ним.

4

Влаштовуйте сімейні трапези. Найкраща нагода навчання манер — спільні сімейні трапези, де діти поступово вчитимуться копіювати дорослих: спокійно сидіти за столом, користуватися столовим приладдям, говорити тихо, жувати без зайвих звуків та із закритим ротом і не вставати з-за столу до завершення трапези.

6

Легко й весело. Покажіть дитині, як використання «чарівних слів» на кшталт «дякую» і «будь ласка» підвищує вірогідність виконання прохання.

ВАРТО СПРОБУВАТИ

8 основних принципів

2

Розпочніть з простого. Навчіть дитину казати «дякую» та «будь ласка» — це найпростіший початок. Щойно це стане звичкою, додавайте нові добрі манери по одній-дві, щоб дитина мала час на поступове їх засвоєння.

3

Заохочуйте зоровий контакт. Дитина, що тримає зоровий контакт, краще сприймається і дорослими, і однолітками; її вважають дружньою. Перетворіть це на гру: заохочуйте малюка роздивлятися колір очей людини, до якої він говорить.

5

Поясніть, чому це важливо. Чемність означає добре ставитися до інших та отримувати добре ставлення у відповідь. Поясніть, як гарні манери роблять життя простішим та приємнішим. Наголосіть, що так інші люди проявлятимуть більшу приязнь до дитини.

7

Хваліть. Дайте дитині «випадково» почути, як ви хвалите її чемність перед іншими, а також дайте можливість насолоджуватися вашою позитивною увагою, коли ви бачите її ґречну поведінку.

8

Поясніть, що «чемність» = «вміння дружити». Вміння вітатися, повертатися обличчям до співрозмовника та давати йому можливість відповісти — важливі навички для встановлення приязних та дружніх стосунків.

2–3
РОКИ

Щоденні вітання
Розпочинайте день з побажання доброго ранку дитині та іншим членам сім'ї.

Іграшки-помічники
Влаштовуйте «звані обіди» для м'яких іграшок та ляльок, щоб навчити дитину казати «будь ласка», «дякую», «прошу», «перепрошую».

4–5
РОКІВ

Особисті послання
Діти опановують малювання й письмо, тож запросіть малюка намалювати щось чи написати своє ім'я на листі подяки, пояснивши, що отримувачеві буде приємно.

Уроки настільних ігор
Настільні ігри — це чудовий та цікавий спосіб навчити дітей співпрацювати та чекати своєї черги.

6–7
РОКІВ

Гостинний хазяїн
Перед приходом маленьких гостей розкажіть малюкові, як привітати їх біля дверей, поцікавитись, що вони хотіли б робити; як ділитися іграшками та чемно прощатися.

Манери та почуття
Поясніть, як виказувати увагу до присутності й потреб інших людей, притримавши для них двері чи поступившись місцем старшому; розкажіть, що це викликає радість і вдячність.

«Я нікому не подобаюся»

У цьому віці для дітей дедалі більшого значення набувають друзі. Тепер вони не просто грають разом, а й формують міцніші зв'язки з тими, хто поділяє їхні інтереси. Дитині прикро, коли її обходять увагою.

Ситуація | Дитина прийшла зі школи та жаліється, що в неї немає друзів.

ВОНА КАЖЕ:

«Я нікому не подобаюся».

Час від часу скаржитися на брак друзів — типово для дітей. У цьому віці діти бачать усе у чорно-білих тонах, тож одноразова відмова грати разом може сприйматися як розставання назавжди. Деякі діти потребують підказок, як зчитувати поведінку інших, щоб розуміти, як долучитися до гри, чекати своєї черги та бути цікавими напарниками у грі.

> **«У КОЖНОЇ ДИТИНИ ТРАПЛЯЮТЬСЯ СУМНІ МОМЕНТИ. ВАШЕ ЗАВДАННЯ — ЗАБЕЗПЕЧИТИ ЛЮБОВ ТА ПІДТРИМКУ ВДОМА».**

ВИ МОЖЕТЕ ПОДУМАТИ:

«Тут я безсила — я ж не можу дружити замість неї».

Думки про самотність дитини на ігровому майданчику крають серце. Можливо, малюкові знадобиться підтримка та підказка, що він робить не так: результати досліджень стверджують, що діти переважно не здатні самостійно побачити свої хиби.

ПЕРЕГЛЯНЬТЕ ПОВ'ЯЗАНІ ТЕМИ
«Вони мене кривдять!» с. 192—193
«Я більше не граю!» с. 224—225

ВОНА ДУМАЄ:

«Сьогодні ніхто зі мною не грав. Тепер так буде завжди?»

Дитина має розуміти, що в дружбі бувають злети й падіння. Те, що сьогодні їй було самотньо, не означає, що вона не матиме з ким пограти завтра. Якщо вона відчуває відторгнення у школі — прийняття вдома стає ще важливішим.

ЯК РЕАГУВАТИ

Негайно:

Вислухайте й обійміть. Визнайте почуття дитини та покажіть, що любите її. Запевніть, що дружні стосунки змінюються і що завжди є можливість покращити свої навички спілкування.

На майбутнє:

Розвивайте навички дружби. Діти можуть покращувати свої соціальні навички. Допоможіть дитині, граючи з нею в настільні ігри, та підкажіть, як встановити зв'язок (подивитися в очі, усміхнутися).

Поговоріть про вміння домовлятися. Якщо дитина має багато суперечок з друзями, запропонуйте кілька тактик, що допоможуть обходити гострі кути. Навчіть дитину вибачатися й приймати вибачення.

Навчіть дитину емпатії. Навчившись краще розуміти почуття інших, дитина зможе правильно реагувати, тож її краще сприйматимуть. Потренуйте її, запропонувавши гру: нехай подивиться на обличчя інших дітей на майданчику чи героїв фільму на екрані та спробує пояснити вам, як почуваються ці люди й чому.

Заохочуйте розширення кола друзів. Школа — середовище з високим соціальним тиском. Дитина менше сумуватиме через брак друзів у школі, якщо матиме друзів поза школою.

«Вони мене кривдять!»

Обурює, коли дитина каже, що з неї знущаються.
І природно воліти захистити її. Та все ж дитині треба вчитися самотужки
давати раду соціальному тиску.

Ситуація | **Малюк скаржиться, що на перервах інші хлопці не беруть його у гру.**

ВІН КАЖЕ:

«Вони мене кривдять!»

ВИ МОЖЕТЕ ПОДУМАТИ:

«Мій малюк став жертвою цькування. Треба щось робити!»

Скарги на відсутність друзів є типовими для дітей цього віку. Малий проявляє чутливість, бо зараз його самосприйняття значною мірою залежить від думки однолітків. Утім, якщо ця скарга стає звичною, — можливо, йому треба попрацювати над розумінням соціальних взаємодій та над тим, як приєднуватися до колективних ігор.

Попри бажання стати на захист не поспішайте називати цькуванням кожен прикрий випадок, який зазвичай є тривалою кампанією, влаштованою більш популярною дитиною проти менш популярної, аби завдати болю. Якщо ж вашого малюка навмисне та послідовно обирають за мішень — варто втрутитися.

◆ ПЕРЕГЛЯНЬТЕ ПОВ'ЯЗАНІ ТЕМИ ◆

«Не хочу йти до школи» с. 196—197
«Але всі мої друзі вже це мають!» с. 208—209

«ЗАВДАННЯ БАТЬКІВ — НАВЧИТИ ДИТИНУ САМОСТІЙНО РОЗВ'ЯЗУВАТИ ПРОБЛЕМИ З ДРУЗЯМИ».

ВІН ДУМАЄ:

«Нечесно, що вони мене кривдять. Невже я ніколи не матиму друзів?»

Мати друзів надзвичайно важливо для емоційного добробуту та самосприйняття дитини. Коли друг малюка каже, що сьогодні не хоче з ним грати, той може вирішити, що він не до вподоби другові (якщо ви не переконаєте його у протилежному).

ЯК РЕАГУВАТИ

Негайно:

Дізнайтесь подробиці. Спробуйте обережно розпитати про подробиці. Можна розіграти сценку з іграшками.

Поясніть, що завтра все може змінитися. У цьому віці дружні стосунки швидко змінюються. Поясніть, що сьогоднішній випадок не означає, що завтра вони з другом не гратимуть разом.

Допоможіть не брати до серця. Коли інші роблять щось дошкульне, не давайте малому звинувачувати себе чи думати, що тепер він нікому не подобається. Нагадайте йому про його сильні сторони.

Будьте об'єктивними. Відокремте спогади про минуле від нинішньої проблеми. Малюк має зрозуміти, що конфлікти — невід'ємна частина стосунків.

На майбутнє:

Підтримуйте малюка. Покажіть, що він вам подобається і вам з ним цікаво. Дошкульні слова інших не ранять так глибоко, коли дитина має міцний внутрішній стрижень.

«Якби в мене були інші батьки!»

Батьки намагаються створити домашній затишок — тож вам буде боляче почути, як дитина, розсердившись, захоче мати інших батьків. Розуміння того, що за цим криється насправді, допоможе вам відреагувати спокійно.

Ситуація | Ви кажете дитині, що вона не зможе піти на вечірку до однокласниці, бо уся ваша сім'я в цей час має бути на родинному заході.

ВОНА КАЖЕ:

«Якби в мене були інші батьки!»

ВИ МОЖЕТЕ ПОДУМАТИ:

«Чому вона каже такі прикрі слова? Ми ж хочемо для неї найкращого!»

Вам може бути прикро, адже слова дитини прозвучали як відцурання від вашої домівки, цінностей та сім'ї. Можливо, у цей момент ви пригадаєте минулі помилки в її вихованні або ж нещодавні життєві негаразди та відчуєте провину.

◄ ПЕРЕГЛЯНЬТЕ ПОВ'ЯЗАНІ ТЕМИ ►

«Але мама дозволила!» с. 186—187
«Завжди мені нічого не можна!» с. 238—239

ВОНА ДУМАЄ:

«Дуже хочеться на вечірку! Інші батьки дозволили б мені».

Увага дитини вибіркова, коли вона шукає підкріплень своєї теорії, що інші батьки дозволили б їй піти на вечірку. Насправді її слова означають «ви не розумієте, наскільки сильно я хочу там бути».

ЯК РЕАГУВАТИ

Негайно:

Не беріть на свій карб. Слова малюка — радше проєкція на вас своїх сплутаних почуттів. Згадка про те, що ви — найбезпечніша мішень для роздратування, бо любите його безумовно, допоможе вам зберегти ясність мислення.

Проясніть, що відбувається. Спробуйте без роздратування сформулювати, що, на вашу думку, насправді засмутило малюка, — покажіть, що ви його розумієте. Коли ж він заспокоїться, поясніть, що сердитися — нормально, а от зриватися на інших — ні.

Поясніть причини. Коли раціональна частина дитячого мозку поверне собі владу, поясніть, що вечірки — це весело, але зібрання родичів переважно важливіші. Дитина — важлива частина вашої сім'ї, і решті родини бракуватиме її.

На майбутнє:

Зрозумійте ситуацію. Якщо дитина зривається — зверніть увагу на те, чи в сім'ї не відбувається чогось, що змушує її почуватися зайвою, як-от конфлікт з братом чи сестрою. Можливо, це крик про те, що їй бракує вашої уваги?

Будьте поруч. Заплануйте більше спільних справ, щоб дитина відчувала зв'язок з вами.

«Не хочу йти до школи»

У кожної дитини бувають дні, коли не хочеться йти до школи. Окрім нездужання, можуть бути інші причини хотіти лишатися вдома. Якщо це відбувається постійно протягом кількох тижнів, з'ясуйте, що непокоїть малюка й чому він опирається.

Ситуація | **Уранці малюк відмовляється вдягатися та йти до школи.**

ВІН КАЖЕ:

«Не хочу йти до школи».

ВИ МОЖЕТЕ ПОДУМАТИ:

«Він просто вередує, а я поспішаю на роботу».

Якщо не спостерігається ознак хвороби, небажання може мати вагому причину. Пригадайте, як малюк поводиться зазвичай: швиденько збирається й виходить чи завжди тягне до останнього? Що може бути причиною? Безліч причин можуть вилитися у тривожність, яка змусить малюка не хотіти виходити з дому.

Легко втратити самовладання, коли вас охоплюють суперечливі почуття. Може, він таки захворів? Чи намагається маніпулювати? Чи варто проявити непохитність? Якщо ви працюєте — чи взяти відгул? Можливо, ви відчуєте роздратування, якщо вважаєте, що насправді малюк при доброму здоров'ї.

◆ ПЕРЕГЛЯНЬТЕ ПОВ'ЯЗАНІ ТЕМИ ◆

«Я нікому не подобаюся» с. 190—191
«Чому ти маєш іти на роботу?», с. 236—237

❝ ❞

«ПОКАЗУЙТЕ ВПЕВНЕНІСТЬ У НЕОБХІДНОСТІ ШКОЛИ. ПОЯСНІТЬ, ЩО ТАМ МАЛЮКА НАВЧАТЬ РЕЧЕЙ, НЕОБХІДНИХ ДЛЯ ДОРОСЛІШАННЯ».

ВІН ДУМАЄ:

«Удома мені безпечно і затишно».

Дитяче тіло чутливе до емоцій; якщо малюка щось непокоїть, він хотітиме залишатися в безпеці вдома разом із одним із батьків. Насправді він може так нервувати (через контрольну чи проблеми з однокласниками), що у нього дійсно розболиться живіт.

ЯК РЕАГУВАТИ

Негайно:

①

Стійте на своєму. Майте терпіння; висловіть власне бачення його емоцій, щоб дати малюкові знати, що ви уважно слухаєте, але й не піддавайтеся.

②

Не поспішайте. Якщо ви нервуєте, подзвоніть до школи, щоб попередити, що малюк сьогодні спізниться. Можливо, доведеться попередити й свого начальника. Виграний час допоможе вам зберегти спокій та розібратися в проблемі.

На майбутнє:

Спростіть ранкові збори. Розбийте їх на маленькі прості етапи та хваліть малюка за успішне завершення кожного з них: вставання з ліжечка, вдягання, сніданок, прибуття до школи.

Допоможіть малюку висловитися. Проговорювання допомагає дітям осмислити свої тривоги. Попросіть малюка придумати персонажа, який казатиме речі, що непокоять його. Коли ці тривоги повернуться знову, спитайте малюка, чи його «тривожний гремлін» знову галасує; поцікавтеся, що саме він каже. Так ви разом придумаєте спосіб давати тривогам відсіч.

Порадьтеся з учителем та педіатром. Якщо тривожність стає постійною, поговоріть з адміністрацією школи, щоб з'ясувати причину. Якщо малюк часто скаржиться на головні болі та болі у животику, запишіть його на прийом до лікаря, щоб виключити можливість хвороби.

«Вона моя найкраща подруга!»

У садочку діти радо грають поруч з будь-ким, хто опинився поруч. У віці 6—7 років дитина може прагнути мати одного «найкращого» друга, з ким їй легко порозумітися та чиє товариство подобається більше за товариство інших людей.

Ситуація | Донька каже вам, що у неї з'явилася «найкраща подруга».

ВОНА КАЖЕ:

«Вона моя найкраща подруга!»

ВИ МОЖЕТЕ ПОДУМАТИ:

«Чи не поспішає вона з висновками?»

Наявність особливої подруги, з якою можна разом ходити до школи, допоможе дитині почуватися більш захищеною. Дитина боїться самотності, тож з радістю заручиться підтримкою когось, хто захоче скласти їй компанію. Також її тішить, що інша дитина відчула до неї достатню приязнь, щоб називати її найкращою подругою.

Якщо обоє дітей відчувають зв'язок і однаково до вподоби одне одному, така дружба стане джерелом втіхи та веселощів. Та не варто непокоїтися, якщо дитина не має найкращої подруги. З цього віку ви спостерігатимете за її спробами знайти «своїх» людей та мати друзів, з якими можна поділитися думками.

" "

«ДРУЖБА З ОДНОКЛАСНИКАМИ ДОПОМОЖЕ ДИТИНІ КРАЩЕ ПОЧУВАТИСЯ У ШКОЛІ. ТА НЕ КОЖНА ДИТИНА МУСИТЬ МАТИ НАЙКРАЩОГО ДРУГА.

ВОНА ДУМАЄ:

«Хочу, щоб вона грала лише зі мною!»

Зворотною стороною особливої дружби стане те, що цей зв'язок не є безумовним. Мірою ускладнення своїх соціальних взаємодій діти лишатимуться найкращими друзями доти, доки дотримано певні умови. Можна втратити звання «найкращої подруги», просто погравши з кимось іншим. Дитина також може мати нову «найкращу подругу» щодня.

ЯК РЕАГУВАТИ

Негайно:

Впишіть їхні стосунки в контекст. Коли дитина каже, що у неї з'явилася найкраща подруга, привітайте дитину та познайомтеся з подругою.

Нагадуйте дитині про інших друзів. Не втрачайте нагоди нагадати дитині про решту її друзів та заохочуйте її кликати їх у гру — щоб найкраща подруга не лишилася єдиною і щоб дитині було легше пережити можливий розлад цієї дружби.

На майбутнє:

Навчіть дитину інших слів. Поясніть, що можна називати друзів «добрими» чи «близькими» і що, називаючи когось із друзів «найкращим», вона може створити в інших враження, що вони для неї менш важливі.

Не ідеалізуйте дружбу. Наявність найкращої подруги може давати впевненість у наявності напарниці, але відсутність прив'язаності лише до однієї особи може дати більшу свободу. Доки це влаштовує дитину, немає особливої різниці, чи є в неї найкраща подруга, чи ні.

Приготуйтеся до гримас долі. Діти мають найчастіші та найзапекліші суперечки саме з найкращими друзями — тож готуйтеся підтримувати дитину в непростих ситуаціях. Але що тіснішою є дружба — то охочіше обидві сторони миритимуться після сварок.

▶ ПЕРЕГЛЯНЬТЕ ПОВ'ЯЗАНІ ТЕМИ ◀

«Вони мене кривдять» с. 192—193
«Це мій хлопець» с. 222—223

Труднощі школи

Уже в початковій школі стає очевидним, що деяким малюкам навчання дається простіше, ніж іншим.

Тривожитися через успішність дитини — справа звичайна. Утім, варто не забувати про ширшу картину й про те, що школа вимірює лише невелику частину здібностей дитини.

Внутрішній стрижень

Хоч яка успішність вашого малюка, допоможіть йому сформувати внутрішній стрижень, почуваючись успішним у інших сферах життя, де неможливо застосувати шкільну систему балів: у доброті, щедрості чи творчості.

Навіть якщо дитина отримує добрі оцінки — підкреслюйте, що ви не вимагаєте вищих балів і що найважливіше — щоразу викладатися на повну.

Дайте дитині чітко зрозуміти, що ваша любов до неї безумовна і вона не мусить її «заслуговувати» оцінками.

> **«ПАМ'ЯТАЙТЕ, ЩО САМЕ ЕМОЦІЙНИЙ ДОБРОБУТ, А НЕ ОЦІНКИ Є ЗАПОРУКОЮ ЩАСТЯ ТА УСПІШНОСТІ У МАЙБУТНЬОМУ»**

1

Цінуйте усі якості. Заохочуйте дитину сприймати себе як різносторонню особистість, яка є значно більшою за свій підсумковий бал. Відзначайте такі риси, як почуття гумору, вдячність, соціальні навички, самоконтроль, оптимізм та витримка.

4

Відзначайте унікальність. Замість порівнювати своїх дітей з іншими відзначайте поєднання особистих рис, які роблять їх унікальними.

6

Заохочуйте прагнення. Замість хвалити дитину за закріплену навичку, як-от «здібність до математики», хваліть за те, що від неї залежить, наприклад наполегливість та зусилля. Поясніть, що завжди можна покращити свій результат.

ВАРТО СПРОБУВАТИ

8 основних принципів

2

Кажіть «поки що». Коли дитині щось дається нелегко — найімовірніше, вона просто ще не мала достатньо часу та можливостей цього навчитися чи відпрацювати. Зазначте, що навчання — тривалий процес і що з практикою все вдаватиметься краще.

3

Створіть атмосферу безпеки вдома. Нехай домівка буде місцем, де можна знайти прихисток від труднощів життя та відновити сили після шкільного дня. Вільний час, свіже повітря, фізична активність та сімейне дозвілля не менш важливі за оцінки.

5

Покращення результатів. Поясніть, що в світі є лише одна людина, яку дитині варто постійно перевершувати, — вона сама. Дитина завжди може відчути маленьку перемогу, покращивши власні навички.

7

Навчайте граючи. Дослідження показують, що природничі науки та математика найкраще засвоюються через розширення життєвого досвіду. Діти осягнуть концепцію грошей, якщо навчити їх розпоряджатися коштами; краще розумітимуть природничі науки, проводячи більше часу на природі. Будь-яка концепція стає зрозумілішою, коли бачиш, як вона працює в реальному житті.

8

Поясніть, як працює мозок. Поясніть дитині, що мозок та м'язи подібні тим, що стають сильнішими від постійних вправ. Старші діти цілком здатні зрозуміти, як будуються нейронні зв'язки через спроби й повторення і як електричні сигнали між нейронами об'єднуються у мережу. Що більше зв'язків між нейронами — то потужніша мережа; дія запам'ятовується — формується навичка.

2—3
РОКИ

Свобода гри
Навіть найменші діти помічають, коли дорослі намагаються перехопити контроль над грою і щось до них «донести». Не перетворюйте гру на урок.

Що простіше, то краще
Не потрапляйте до полону ілюзій, що високотехнологічні іграшки та спеціальні додатки зроблять дитину розумнішою. Найкращий навчальний ефект мають найпростіші іграшки.

4—5
РОКІВ

Батьківські змагання
Не влаштовуйте змагань з іншими батьками у розвитку навичок читання та лічби: перетворивши навчання на перегони, ви зробите його виснажливим для дитини.

Природжені таланти
Допоможіть дитині розвивати навички, до яких вона має хист: так вона почуватиметься впевненішою і в інших сферах.

6—7
РОКІВ

Активний інтерес
Попри те що знання дітей оцінюють у школі, краще питати не про отримані бали, а про те, чому малюк навчився.

Обережніше з критикою
Діти нерідко сприймають конструктивні зауваження батьків за критику. Частіше звертайте увагу на правильні рішення, а не на помилки.

«Домашні завдання — це нудно»

Останнє, чого хоче дитина, прийшовши додому після цілого дня шкільних занять, — знову сідати за уроки. Не дивно, що вона усіляко цього уникатиме.

Ситуація | **Донька відмовляється сідати за домашнє завдання з математики.**

ВОНА КАЖЕ:

«Домашні завдання — це нудно».

ВИ МОЖЕТЕ ПОДУМАТИ:

«Чому ми знову про це сперечаємося? День і без того був непростим».

Проясніть, що саме дитина має на увазі. Що це не так цікаво, як грати, — чи що вона не певна, як розв'язати задачу? Вислухавши, зрозумівши та допомігши зрозуміти завдання, ви заохотите дитину взятися до роботи.

Дитина лише опановує самодисципліну, необхідну для виконання домашніх завдань. Не варто сердитися через її постійні відмови. Утримайтеся й від спокуси розв'язати задачу замість неї: так вона вирішить, що ниття допоможе перекласти виконання домашніх робіт на вас. Ваша роль — прищепити дитині корисні звички та навчити відповідальності.

" "

«ЗБАЛАНСОВАНИЙ РОЗПОРЯДОК ДНЯ ДОПОМОЖЕ ВИПРАВИТИ СИТУАЦІЮ; СІДАТИ ЗА «ДОМАШКУ» СТАНЕ ПРОСТІШЕ».

ВОНА ДУМАЄ:

«Це здається складним. Хочу, щоб «домашка» щезла!»

На цьому етапі розвитку дитина ще не здатна до тривалого зосередження і вже точно не сяде за уроки, щойно прийшовши додому. Ба більше, з уроку математики минуло кілька годин, і її непокоїть, що вона не зможе самостійно пригадати почуте у класі.

ПЕРЕГЛЯНЬТЕ ПОВ'ЯЗАНІ ТЕМИ

«Я нікчема!» с. 210—211
«Я точно маю робити вправи з музики?» с. 230—231

ЯК РЕАГУВАТИ

Негайно:

Не нервуйте. У цьому віці навчання через гру не менш важливе, аніж розв'язування математичних задач. Буде цілком достатньо, якщо дитина щодня потроху читатиме та подумки рахуватиме.

Зробіть підходи короткими й посильними. Переважно вчителі кажуть батькам, скільки часу потрібно на виконання завдань, — тож орієнтуйтеся на це. Наочний орієнтир (наприклад, таймер) підкаже дитині, скільки часу лишилося. Сядьте поруч із власним «домашнім завданням»: так ви заохотите дитину своїм прикладом та будете поруч, коли в неї виникнуть запитання.

На майбутнє:

Запропонуйте винагороду. Коли дитина без скарг завершить домашні завдання — одразу запропонуйте гру. Можна також поставити «банку досягнень», куди будете класти по камінцю чи скляній кульці за кожну «домашку» без скарг. Коли набереться п'ять штук — пригостіть дитину смаколиком.

Створіть «навчальний центр». Виділіть місце для виконання домашніх завдань. Приберіть усе, що відволікає увагу, та покладіть на стіл усе необхідне.

Встановіть часовий проміжок. Конкретна година може варіюватися щодня, залежно від позашкільних занять дитини, але погодьте графік виконання домашніх завдань на кожен день тижня та дотримуйтеся його. Коли це стане рутиною, «домашки» сприйматимуться як щось неминуче і суперечок стане менше.

«Я — найкращий!»

Коли зростає важливість мати схвалення однолітків,
дітям інколи здається, що їх любитимуть більше, якщо вони зможуть
похвалитися особливими досягненнями в певній сфері.
Вони можуть не розуміти, що таке «вихваляння» дратує людей.

Ситуація | Малюк постійно вихваляється перед іншими дітьми, що, граючи у футбол, забиває найбільше голів.

ВІН КАЖЕ:

«Я — найкращий!»

Діти вже розуміють, що відрізняє їх від інших. Ставши на шлях самовизначення, малюк порівнює свої досягнення, навички та майно з іншими. Йому може здаватися, що інші діти захочуть з ним дружити, якщо вдасться їх вразити.

«ПІДКАЖІТЬ МАЛОМУ, ЩО ЙОГО САМООЦІНКА НЕ ЗАЛЕЖИТЬ ВІД ПОРІВНЯННЯ З ІНШИМИ».

ПЕРЕГЛЯНЬТЕ ПОВ'ЯЗАНІ ТЕМИ

«Вони мене кривдять!» с. 192—193
«Я гірший за них» с. 220—221

ВИ МОЖЕТЕ ПОДУМАТИ:

«Іншим дітям не сподобається, що він вихваляється».

ВІН ДУМАЄ:

«Але ж у мене справді добре виходить — чому не можна про це казати?»

Добре, що малий пишається своїми досягненнями та впевнений у своїх здібностях. Як усім батькам, вам хочеться належно хвалити його, — але ви відчуваєте спокусу попросити його притримати язика, адже хвальків ніхто не любить.

Для малюка не очевидно, чому вихваляння не притягує до нього інших. Він ще не розуміє, що його успіх нагадує людям про те, що в них не виходить. Допоможіть малюкові зрозуміти, як почуваються його друзі, коли він каже, що є найкращим.

ЯК РЕАГУВАТИ

Негайно:

Поговоріть про здібності. Поясніть, що кожна людина має схильність до чогось і що його друзі мають інші сильні сторони: він більш вправний у футболі, а їм може краще вдаватися математика чи малювання.

Поговоріть про дружбу. Поясніть, що суть дружби — насолоджуватися товариством інших людей, а не доводити їм, який ти чудовий. Навчіть малюка шукати щось спільне з ними, а не відмінності.

На майбутнє:

Проявляйте безумовну любов. Малюк може звернути увагу на те, що у школі дітей оцінюють та нагороджують, тож він не хоче почуватися обділеним. Не скупіться на прояви безумовної любові вдома.

Хваліть справедливо. Дослідження показують, що батьки, які розповідають своїм дітям, наскільки вони «кращі» за інших, викривлюють їхнє уявлення про себе. Даруйте малюкові тепло та любов незалежно від досягнень.

Хваліть за досягнення вдома. Скажіть малюкові, що ви пишаєтесь його старанністю, але детально свої досягнення краще обговорювати вдома, з членами сім'ї, а друзям говорити про них узагальнено.

«Мені ніяково»

У ранньому дитинстві малюк напевно казав, що ви найдобріша та найсміливіша матуся у світі або що ви найвеселіший та найщедріший татко. Саме тому для вас може стати шоком, коли дитина вперше скаже, що від вашої поведінки їй ніяково.

Ситуація | Дитина каже, що вона більше не хоче, щоб ви цілували її на прощання біля школи.

ВОНА КАЖЕ:

«Мені ніяково».

ВИ МОЖЕТЕ ПОДУМАТИ:

«Прикро, що вона більше не хоче, аби я прилюдно її цілувала».

Зі зростанням соціальної свідомості дитина помічає різницю між своєю сім'єю й домівкою та тими, що в інших людей. Вона також помічає, що інші діти відзначають ці відмінності та інколи їх обговорюють.

Вас може засмутити, що золота пора, коли дитина вважала, що ви все робите правильно, скінчилася. Варто розуміти, що вона просто відчуває тиск однолітків, і хай це розуміння допоможе вам не брати до серця, що вона більше не хоче поцілунків на прощання.

ПЕРЕГЛЯНЬТЕ ПОВ'ЯЗАНІ ТЕМИ

«Я нікому не подобаюся» с. 190—191
«Завжди мені нічого не можна» с. 238—239

VONA DUMAE:

*«Моїх друзів
не цілують
на прощання —
і я не хочу!»*

Ваша дитина хоче не просто вписатися в компанію — вона хоче, щоб ви також вписувалися й не вирізнялися з-поміж інших батьків. Це не означає, що ви їй не подобаєтеся (чи що вона не схоче мати поцілунки вдома), — її турбує, що інші діти це коментуватимуть.

ЯК РЕАГУВАТИ

Негайно:

Не сердьтеся. Не варто брати це на свій карб: дитина не мала наміру скривдити вас. Вона вважає, що захищає вас від пересудів та кепкування інших дітей.

Виконуйте прохання малюка (в межах розумного). Дитина проявляє самосвідомість — тож виконуйте її резонні прохання та в присутності сторонніх поводьтеся з нею як з дорослою. Це необхідний етап розвитку дитини.

На майбутнє:

Пригадайте власне дитинство. Найімовірніше, ваші батьки теж викликали у вас зніяковіння, але, ставши дорослою, ви почали любити та цінувати риси, які вирізняють їх з-поміж інших. Не втрачаючи гумору, поділіться з дитиною власною історією.

Попросіть дитину зважати на ваші почуття. Поясніть, що ви відчували, коли почули, що вона вас соромиться. Використовуйте фрази «я відчула» і «склалося враження».

Проявіть залученість. Запитайте: коли дитина не заперечує, щоб ви обіймали й цілували її за межами дому, а коли краще утриматися? Варто пояснити їй, як важливо вміти не піддаватися тиску однолітків.

«НІЯКОВІТИ З ПОВЕДІНКИ БАТЬКІВ — ПРИРОДНИЙ ЕТАП НАБЛИЖЕННЯ ДО ПІДЛІТКОВОГО ВІКУ».

«Але усі мої друзі вже його мають!»

Краще розуміючи власне місце в компанії однолітків, дитина хоче «бути за свого». Щоб влитися в компанію, малюк може казати вам, що він «потребує» нових ґаджетів, іграшок, одягу. Ваша реакція допоможе сформувати його ставлення до речей.

Ситуація | **Малюк просить купити йому планшет, щоб він міг грати у найновіші ігри.**

ВІН КАЖЕ:

«Але усі мої друзі вже його мають!»

Зараз малюк зазнає впливу ЗМІ
та передач із рекламою, яка спрямована на дітей та заохочує їх випрошувати обновки у батьків. Порівнюючи себе з іншими, ваш малюк відчув новий потужний страх — страх не вписатися. Щоб почуватися «нормальним», він хоче мати те, що, на його думку, мають його друзі.

ВИ МОЖЕТЕ ПОДУМАТИ:

«Можливо, варто купити, аби він не виділявся. Зрештою, я працюю, щоб мати можливість купувати потрібне».

Дорослі теж не можуть уникнути суспільного тиску — тож вам може здаватися, що, не купивши дитині ґаджет, ви будете поганим батьком. Пригадавши, як вам кортіло в дитинстві мати нову іграшку, ви захочете вдовольнити дитяче бажання. Вам також може здатися, що ви не приділяєте малому достатньо уваги.

▸ ПЕРЕГЛЯНЬТЕ ПОВ'ЯЗАНІ ТЕМИ ◂

«Я нікому не подобаюся» с. 190—191
«Я гірший за них» с. 220—221

ВІН ДУМАЄ:

«Я дуже-дуже його хочу! Друзі частіше гратимуть зі мною, якщо в мене буде планшет».

Інші діти його віку також вбудову-
ються в соціальну ієрархію, тож малюкові
може здаватися, що крутий ґаджет забезпе-
чить йому статус серед однолітків. Він ще не
має життєвого досвіду, щоб розуміти: статус
реально підкріплюють особисті якості, а не речі.

ЯК РЕАГУВАТИ

Негайно:

Запитайте навіщо. Розберіться, чому
цей ґаджет видається дитині
вкрай необхідним. Поговоріть про різницю
між бажаннями та потребами.

Подивіться на прохання ширше. Чи дійсно
всі його друзі мають планшети, як він
стверджує? Поговоривши з їхніми бать-
ками, ви можете дізнатися, що це не так.

Обговоріть умови. Одразу отримавши
планшет, малюк може вирішити, що він
завжди отримуватиме все, що захоче.
Натомість запропонуйте внести планшет
до «списку очікування» і подивитися,
чи він так само хотітиме ґаджет за кілька
тижнів; або ж запропонуйте дочекатися
дня народження чи Різдва.

④

Навчіть малюка цінувати особисте. Поясн-
іть, що неможливо «купити» друзів та що
інші діти хотітимуть дружити з ним
не через найновіші ґаджети, а тому що
це цікаво, він готовий домовлятися
та грає чесно.

На майбутнє:

Опирайтеся тиску. Якщо малюк розповідає
про те, що дозволяють його друзям їхні
батьки, — поясніть, що різні сім'ї мають
різні цінності та пріоритети; використо-
вуйте фразу «в нашій сім'ї».

«Я нікчема!»

У цьому віці дитини батьки вже очікують, що вона братиме на себе відповідальність за свої дії. Утім, інколи діти сприймають кожну помилку за черговий доказ своєї «незграбності», «нікчемності» та «безнадійності»; пережитий сором може стати поштовхом до негативного самопрограмування.

Ситуація | Дитина випадково зачепила ваше улюблене горня на столі; воно впало і розбилося.

ВОНА КАЖЕ:

«Я нікчема!»

ВИ МОЖЕТЕ ПОДУМАТИ:

«Якщо добряче її присоромити — можливо, наступного разу буде обачнішою».

Якщо горня мало для вас неабияку цінність, є чимала вірогідність, що злість на незграбність дитини візьме гору; ви насварите дитину за необачність, змусивши її почуватися ще гірше. Дорослі вдаються до такого ганьблення, помилково вважаючи, що це найкращий спосіб донести до дитини певну думку.

ПЕРЕГЛЯНЬТЕ ПОВ'ЯЗАНІ ТЕМИ

«У мене не вийде!» с. 182—183
«Я негарна!» с. 242—243

❝ ❞

«ПОМИЛКИ — ПРИРОДНА ЧАСТИНА ДОРОСЛІШАННЯ; ДОПОМОЖІТЬ ДИТИНІ ЗРОБИТИ ВИСНОВКИ КОНСТРУКТИВНО Й БЕЗ ГАНЬБЛЕННЯ».

ВОНА ДУМАЄ:

«Я така дурепа! І завжди нею буду».

Замість подумати: «Я зробила дурницю» — дитина думатиме: «Я дурепа!» Сором — дуже болісне почуття, і діти особливо до нього вразливі, адже вони хочуть, щоб батьки були ними задоволені (хоча можуть цього й не виказувати). Коли малій не вдається відповідати батьківським сподіванням, їй здається, що вона безнадійна.

ЯК РЕАГУВАТИ

Негайно:

Вислухайте. Дізнайтеся, що хоче сказати дитина. Поясніть, що помилки — невід'ємна частина життя.

Скажіть, що варто бути добрішою до себе. Зверніть увагу дитини на те, що вона не дозволила б друзям казати такі речі про себе, — то чому ж вона сама це робить?

Не ганьбіть. Догана підвищує виділення гормону стресу, що згубно діє на дитячий мозок.

На майбутнє:

Навчіть дитину вирізняти голос «внутрішнього критика». Твердження, що в неї ніколи нічого не виходить, — ознака, що негативні думки про себе витісняють позитивні і що вона не вірить у свою здатність змінитися. Поясніть дитині, що можна заперечувати цьому «голосу», змусити його замовкнути та замінити його на думки про свої досягнення та сильні сторони.

Перевірка на перфекціонізм. Поговоріть з дитиною про її внутрішні очікування від себе та поясніть, що ідеал недосяжний. Нерідко перфекціонізм — сімейна риса. Проаналізуйте власне ставлення до перфекціонізму, щоб мати змогу давати дитині добрий приклад.

Гроші

Гроші для дитини — ресурс, який дозволяє дорослим іти до магазину й брати там що заманеться. Потрібно пройти чимало стадій розвитку, щоб зрозуміти природу грошей, — і тут ви можете суттєво допомогти дитині.

Багатьом батькам видається зайвим знайомити дітей у такому ранньому віці з економічними реаліями, але результати досліджень показують, що ставлення до витрат та накопичення завершує формуватися до 7 років.

Виділяючи дитині кишенькові гроші, ви також вчите її лічити подумки. Ба більше, даючи дитині розпоряджатися регулярними грошовими надхо-

дженнями, ви допоможете їй краще контролювати свої імпульси, бути більш терплячою, розвивати силу волі та відкладати задоволення. Щойно дитина зрозуміє, що набирати кишенькові гроші на щось справді потрібне значно приємніше, аніж просто розтринькати їх, вона досягне важливого етапу самоконтролю. До того ж вміння відкладати гроші стане у пригоді й у дорослому житті.

❝ ❞

«БЕРІТЬ ДИТИНУ З СОБОЮ НА ЗАКУПИ ТА ПОЯСНЮЙТЕ СВОЇ ДІЇ».

1

Навчіть основ. Діти до 5 років сприймають монети за іграшки. Пограйте з дитиною в магазин і поясніть, як розрізняти монетки різного номіналу.

4

Поясніть, звідки беруться гроші. Маленькі діти можуть вирішити, що гроші — безкоштовний ресурс, який видають усім охочим. Допоможіть зрозуміти, що гроші потрібно заробити.

6

Поясніть скінченність грошей. Дайте 10 грн на покупку, щоб малюк сам побачив: монетку треба віддати назавжди.

9

Виділяйте кишенькові гроші відповідно до віку. Діти розуміють, що таке кишенькові гроші, уже в шестирічному віці. За загальним правилом, на тиждень слід видавати суму вдвічі меншу за вік дитини

↓
ВАРТО СПРОБУВАТИ

12 основних принципів

2

Дайте потренуватися. Навіть у безготівковому світі малюк потребує монеток та купюр, щоб навчитися розуміти, що таке гроші. Час від часу давайте йому розрахуватися.

3

Навчіть заощаджувати. Згідно з дослідженнями, діти, яких заохочували заощаджувати, з часом стають більш ощадливими дорослими. Розділяйте кишенькові гроші між двома банками: одна для витрат, друга — для заощаджень.

5

Покажіть межі. Ухвалюючи рішення, що купити, а що ні, проговорюйте свої думки для малюка, щоб він розумів, що ви не можете дозволити собі купувати що заманеться.

7

Поясніть, як працює безготівковий розрахунок. В умовах зростання частки безготівкових розрахунків варто пояснити, що розрахуватися карткою — це все одно, що зняти гроші зі свого банківського рахунку та віддати їх.

8

Дайте дитині помилятися. Навіть не погоджуючись із витратами малюка, дайте йому можливість помилитися. Краще нехай вартість помилки обмежиться невеличкою сумою в юному віці, аніж це будуть серйозні гроші згодом.

10

Не прив'язуйте кишенькові гроші до хатньої роботи. Не змушуйте малюка заробляти кишенькові гроші: це дасть йому хибне враження, що без оплати він може цього не робити.

11

Будьте послідовними. Видавайте кишенькові гроші того самого дня тижня, о певній годині — як зарплату. Так дитина навчиться розпоряджатися грішми.

12

Не видавайте гроші наперед. Якщо дитина попросить про грошову позику — встановіть невеличкий відсоток, щоб показати, що грошові позики — річ не безкоштовна.

АДАПТОВАНІ ПОРАДИ

За віком

2–3
РОКИ

Введіть гроші у гру
Покажіть дитині, що гроші можна обмінювати на різні товари й послуги, граючи з нею у магазин та кафе.

Розмір має значення
Дітям цього віку здається, що тією самою монеткою можна заплатити за будь-що. Поясніть, що за речі різної вартості потрібно віддавати різні монети й банкноти.

4–5
РОКІВ

Гроші для всіх
Дітям здається, що усі мають гроші і що банки й банкомати видають їх просто так. Поясніть, що гроші потрібно заробити.

По-справжньому
Давайте дітям тримати справжні гроші й інколи розраховуватися у магазині: це найкращий спосіб пояснити значення грошей на зрозумілих прикладах.

6–7
РОКІВ

Готова починати
Тепер, коли дитина вміє рахувати та розуміє концепцію грошей, можна запровадити регулярну видачу кишенькових грошей.

Вміння заощаджувати
Навчіть малого заощаджувати та хваліть його за самоконтроль щоразу, коли він заощаджує певну суму. Звертайте увагу на те, як більшає грошей у його прозорій банці-скарбничці.

«Годі сваритися!»

Для більшості батьків настає момент, коли вони з'ясовують стосунки
в присутності дітей. Якщо емоції зашкалюють, непросто мислити логічно,
але ваша здатність владнати конфлікт надзвичайно важлива
для добробуту дитини і її розуміння стосунків між людьми.

Ситуація | Під час подружньої сварки дитина кричить, щоб ви припинили.

ВОНА КАЖЕ:

«Годі сваритися!»

ВИ МОЖЕТЕ ПОДУМАТИ:

«Я розлючена, і мені байдуже, що дитина це бачить».

Дитина може не розуміти причин конфлікту, але вона чудово його бачить. Дослідження показують, що навіть у геть маленьких дітей підвищуються кров'яний тиск та рівень гормонів стресу, коли вони чують, як батьки кричать у гніві. Дитина цілковито від вас залежить, тож це вражає її не менше, ніж землетрус.

Інстинктивно ви відчуваєте, що сварка батьків пригнічує дитину, але не можете спинитися: адже ваш мозок перейшов до «первісного реагування», коли реактивна частина, що відповідає за рефлекс «бийся або тікай», відбирає контроль у раціонального мислення.

«СПРИЙМАЙТЕ СЕБЕ ТА ПОДРУЖЖЯ ЯК КОМАНДУ, А СУПЕРЕЧКУ — ЯК ЗАСІБ РОЗВ'ЯЗАННЯ ПРОБЛЕМИ, А НЕ ЯК ЗМАГАННЯ».

ЯК РЕАГУВАТИ

Негайно:

Заспокойтеся. Кожна сварка має дві проблеми: втрата сторонами самоконтролю та власне проблема, через яку сварка почалася. Захистіть дитину від першої проблеми, визнавши, що ваш реактивний «нижчий мозок» захопив контроль. Покажіть дитині, що ви заспокоїлися, та домовтеся з подружжям продовжити розмову пізніше.

Заспокойте малюка. Кожна дитина передусім прагне бути в безпеці, тож поясніть, що ваша сварка не означає, що ви більше не любите одне одного. Визнайте наявність непорозуміння, підкресливши, що дитина в цьому не винна (навіть якщо тема суперечки пов'язана з нею).

Скористайтеся з нагоди розповісти дитині про емоції. Побачивши, як ви помирилися та лишили конфлікт позаду, дитина зрозуміє, що навіть щасливі пари можуть мати непорозуміння; що гнів — звичайна емоція і нормально хотіти його висловити; що можна вирішити ситуацію, обговорюючи її.

На майбутнє:

Не заганяйте конфлікт «у підпілля». Пасивно-агресивні тактики, як-от «гра в мовчанку», іще дужче вибивають дітей з рівноваги (бо вони все одно відчувають напруження між вами).
Шукайте шляхи вирішення розбіжностей. Якщо дитина знов і знов бачить сварки, це може спричинити тривожність, труднощі із зосередженням та сном і проблеми з однолітками. Варто сісти після сварки і записати усі її причини, щоб можна було спокійно все обговорити згодом.

ВОНА ДУМАЄ:

«Що зі мною буде, якщо вони розлучаться?»

Дитині здається, що стосунки дорослих мають постійно бути полюбовними. Тож коли ви кажете одне одному дошкульні речі, їй може здаватися, що ви розлучаєтеся. Діти нерідко вірять, що світ обертається довкола них, а тому першим припущенням дитини стане те, що сварка виникла через неї.

ПЕРЕГЛЯНЬТЕ ПОВ'ЯЗАНІ ТЕМИ

«Але мама дозволила!» с. 186—187
«Якби в мене були інші батьки!» с. 194—195

«Але я не хочу спати!»

Попри те що достатня кількість сну необхідна для зростання, здоров'я та навчання, діти нерідко у будь-який спосіб відтягують вкладання спати. Завдання може ускладнитися, якщо малюк має звичку грати перед сном у відеоігри.

Ситуація | Час лягати спати, але малюк відмовляється переривати комп'ютерну гру.

«СОН НЕ МЕНШ ВАЖЛИВИЙ, АНІЖ ЗДОРОВЕ ХАРЧУВАННЯ ТА ФІЗИЧНІ ВПРАВИ».

ВІН КАЖЕ:

«Але я не хочу спати!»

Діти цього віку вже можуть не почуватися «маленькими», а тому вважатимуть себе в праві йти до ліжка пізніше. До того ж із посиленням тиску однолітків діти можуть хизуватися одне перед одним, наскільки допізна їм дозволяють не спати, тож дитина може вважати, що її відсилають до ліжка несправедливо рано порівняно з однолітками.

ПЕРЕГЛЯНЬТЕ ПОВ'ЯЗАНІ ТЕМИ
«Це нечесно!» с. 180—181
«Завжди мені нічого не можна!» с. 238—239

ВИ МОЖЕТЕ ПОДУМАТИ:

«От іще цього бракувало на додачу до труднощів дня! До того ж завтра він буде дратівливим».

ВІН ДУМАЄ:

«Я вже великий хлопчик! Грати цікавіше, ніж спати!»

Вас може лякати перспектива посваритися. Найімовірніше, ви не помиляєтеся: він погано спатиме та прокинеться у поганому гуморі.

Блакитне світіння екрана заважає виробленню гормонів сну, тож малюк дійсно може не відчувати сонливості. Швидка зміна картинки збуджує мозок, і йому складніше перейти до сну.

ЯК РЕАГУВАТИ

Негайно:

Розпочніть зворотній відлік. Зберігайте спокій та попередьте малюка, що прийдете за п'ять хвилин: так він зможе завершити гру та підготуватися до зміни діяльності.

Запропонуйте побути разом. Хоча малюк може сперша протестувати, понад усе він бажає вашої цілковитої уваги. Нехай час, вільний від ґаджетів, має вигляд заохочення, а не покарання.

На майбутнє:

Запровадьте «цифрове смеркання». Переконайтеся, що останню годину перед сном малюк проводить без ґаджетів: так у нього встигнуть виробитися гормони сну. Відновіть ритуал вечірнього купання та казки на ніч, якщо ви припинили це робити.

Встановіть час «відбою». З часом дорослішання дитини та зростання кількості позашкільних занять може збитися режим сну. Встановіть час «відбою», віднявши 10,5 години від часу, коли треба вставати.

Допоможіть дитині зрозуміти переваги сну. Зверніть увагу малюка на те, наскільки краще він почувається виспавшись.

«Мені нудно!»

Зазвичай діти сповнені енергії — тож коли дитина скаржиться,
що їй нудно, вас може занепокоїти, чи достатньо стимулів ви їй даєте.
Варто лишати дитину наодинці з собою, щоб вона навчилася
розпоряджатися своїм часом.

Ситуація | **Донька скаржиться, що їй нічого робити і що іграшки та ігри не цікавлять її.**

ВОНА КАЖЕ:

«Мені нудно!»

ВИ МОЖЕТЕ ПОДУМАТИ:

«Вона стільки всього має — невже я постійно мушу її розважати?»

Нудьга — це чудово. Це означає, що дитина має вільний час, який можна витрачати як заманеться. Утім, загальна фраза «мені нудно» може означати й дещо інше: дитина намагається порушити тему, що її непокоїть; не розуміти, що її гнітить; прагне вашої уваги.

Чимало батьків потрапляють у пастку переконання, що вони весь час мусять «розвивати» мозок дитини купою різних занять. Утім, дослідження показують, що це не має стосунку до стимулювання логічного та творчого мислення дитини. Не почувайтеся винними через її скарги на нудьгу.

> **«УМІННЯ ДОЛАТИ НУДЬГУ — ВАЖЛИВА ЖИТТЄВА НАВИЧКА. ДІТИ ПОТРЕБУЮТЬ ЗУСИЛЬ ТА ПРАКТИКИ, ЩОБ НАВЧИТИСЯ ЗНАХОДИТИ СОБІ ЗАНЯТТЯ».**

ВОНА ДУМАЄ:

*«До школи не ходжу,
ґаджети не можна,
грати ні з ким.
Що я маю робити?»*

Інколи діти скаржаться на нудьгу, коли шукають, чим би зайняти свій мозок, або не певні, що робити далі. З часом дитина краще вирішуватиме, що їй робити, без підказок дорослих, та краще пізнає себе у процесі.

ЯК РЕАГУВАТИ

Негайно:

Визнайте почуття дитини. Вислухайте її та запевніть, що вам знайоме це відчуття. Скажіть, що нудьга може здаватися незвичною та незручною, але вона мине, щойно мозок дитини придумає нове заняття.

Не варто постійно підказувати рішення. Якщо дитина має іграшки, книжки, матеріали для творчості, ви не мусите розвіювати її нудьгу. Дайте їй можливість вигадати щось самостійно.

Киньте виклик. Запропонуйте дитині написати перелік усіх своїх іграшок, щоб вона могла пригадати, що в неї є, віднайти щось давно забуте, зробити з ним що-небудь та показати вам. Це підштовхне її до самостійного дослідження варіантів.

На майбутнє:

Позбудьтеся провини. Погляньте на це як на можливість для дитини помріяти, вийти з-під тиску та вивільнити свою уяву. **Залишайте дитині більше часу для вільної гри.** Дослідженнями встановлено, що сучасні діти мають менше неврегульованого часу, аніж будь-коли, через велику кількість позашкільних занять. Через це дитина може почуватися розгубленою, коли вільний час все ж трапляється. Залишайте їй більше вільного часу, щоб вона могла знайти своє захоплення та самостійно придумати собі забавки.

ПЕРЕГЛЯНЬТЕ ПОВ'ЯЗАНІ ТЕМИ

«Домашні завдання — це нудно» с. 202—203
«Позашкільні заняття» с. 244—245

«Я гірший за них»

Батьків малюка, який лише розпочав «справжні»
шкільні заняття, можуть непокоїти його скарги на те,
що він не встигає за іншими. Ваша реакція допоможе малюкові
зберегти віру в себе та мотивацію до подальшого навчання.

Ситуація | **Малюк каже, що його посадили разом з дітьми, яким не дуже дається математика.**

ВІН КАЖЕ:

«Я гірший за них».

ВИ МОЖЕТЕ ПОДУМАТИ:

«Його впевненість у собі на нулі. Може, знайти йому репетитора?»

Потрапивши до школи, у колектив однокласників, малюк бачить різницю в здібностях дітей та порівнює себе з ними. Вам може бути прикро чути його висновки з такого порівняння, але це важлива частина розвитку малюка. Підтримати його віру в себе зараз важливо як ніколи.

Легко запанікувати, коли малюк скаржиться на те, що йому щось не вдається. Вас може тривожити, що коли йому важко вже зараз — то далі буде ще важче і якщо ви не «вирішите» проблему, він втратить залишки впевненості в собі й покине спроби.

ПЕРЕГЛЯНЬТЕ ПОВ'ЯЗАНІ ТЕМИ

«Не хочу йти до школи» с. 196—197
«Я негарна!» с. 242—243

«ПОЯСНІТЬ, ЩО НАЙКРАЩЕ ЗМАГАТИСЯ З САМИМ СОБОЮ, А НЕ З ІНШИМИ: ТАК МАЛЮК ПОСТІЙНО ВДОСКОНАЛЮЄТЬСЯ ТА ВИГРАЄ».

ЯК РЕАГУВАТИ

Негайно:

Вислухайте та визнайте. Хоч яка сильна спокуса запевнити: «Не кажи дурниць, ти дуже кмітливий!» — не піддавайтеся їй. Поясніть, що різні діти мають різну швидкість навчання і що зрештою всі вони опанують необхідні навички.

Проявіть тепло й розуміння. Не поспішайте «кидатися на захист» свого малюка. Краще зміцніть його впевненість у собі як у здібному учневі.

Уникайте підкріплення негативних тверджень. Можливо, вам захочеться розповісти, що ви теж мали проблеми з математикою, — але він вирішить, що приречений мати проблеми з цією наукою. Краще поділіться, що допомагало покращувати успішність особисто вам.

На майбутнє:

Хваліть за докладені зусилля. Похваліть малюка за старанність.
Нагадуйте про інші здібності. Нагадайте синові, що є безліч способів проявити свою тямовитість поза межами школи.

ВІН ДУМАЄ:

«Математика не вдається мені гаразд — тож не вдасться ніколи».

Діти цього віку мислять категоріями «завжди» чи «ніколи», тож малюк може вважати, що неуспішність з математики — це назавжди. Він також може спрямувати негатив всередину (і розпочати негативний внутрішній монолог), і вже ці думки не даватимуть мислити ясно, коли треба розв'язувати математичні задачі.

«Це мій хлопець!

Краще розуміючи, чим відрізняються хлопці та дівчата, діти починають віддавати перевагу друзям своєї статі. Водночас, маючи друга протилежної статі, діти можуть мавпувати дорослих і називати одне одного «мій хлопець» та «моя дівчина».

Ситуація | **Донька приносить додому листівку від однокласника, підписану «моїй дівчині».**

ВОНА КАЖЕ:

«Це мій хлопець!»

ВИ МОЖЕТЕ ПОДУМАТИ:

«Вона ще замала для такого! Як їй взагалі таке на думку спало?»

Кажучи «мій хлопець», вона, найімовірніше, має на увазі «мій друг-хлопчик»; дитина не говорить про сексуальний потяг. Утім, оскільки вони називають одне одного «мій хлопець» та «моя дівчина», діти можуть інколи обіймати одне одного або цілувати в щічку.

Вас може шокувати думка про те, що донька вже має романтичні стосунки. Утім, діти цього віку люблять повторювати у грі те, що бачать у поведінці дорослих. Оскільки вона вже достатньо велика, щоб відігравати сюжети, які з нею ще не відбулися, дитина може навіть сказати, що вони «одружилися».

"

«ПРОЯВЛЯЙТЕ ОДНАКОВЕ СТАВЛЕННЯ ДО ДРУЗІВ СВОЄЇ ДИТИНИ. ПОЯСНІТЬ, ЩО МОЖНА ДРУЖИТИ НЕЗАЛЕЖНО ВІД СТАТІ».

ВОНА ДУМАЄ:

«Він мій друг, і він хлопець — отже, він мій хлопець?»

Дитина вивчає суспільні «правила» й могла десь почути, як дорослі називають одне одного «мій хлопець» та «моя дівчина», — або ж вона перейняла більш поляризований погляд на статеві ролі та вважає, що лише наявність «хлопця» зробить її «справжньою дівчиною». Більшість дітей взагалі особливо про це не думають, доки дорослі не звернуть їхню увагу.

ЯК РЕАГУВАТИ

Негайно:

Спитайте, що вона має на увазі. Можливо, донька сприймає бажання за реальність або вони з другом просто не розуміють значення цих слів.

Поясніть різницю. Скажіть, що її друг, який є хлопцем, — не те саме, що «її хлопець». Поясніть, що лише у дорослих бувають стосунки, у яких вони називають одне одного «мій хлопець» та «моя дівчина».

Не ускладнюйте. Не варто вдаватися в розповіді, як чудово мати хлопця. Уникайте описувати її дружбу дорослими термінами, не дражніть дитину та не розпитуйте, як розвиваються «стосунки».

На майбутнє:

Влаштуйте спільну гру. Запросіть доньчиного «хлопця» у гості та подивіться, як вони грають разом.
Заохочуйте дитину мати багато друзів. Розказуючи, що вона «має хлопця», ваша донька може бажати вразити інших. Допоможіть їй підняти самооцінку в інший спосіб та розширити коло друзів.

ПЕРЕГЛЯНЬТЕ ПОВ'ЯЗАНІ ТЕМИ

«Вони мене кривдять!» с. 192—193
«Вона моя найкраща подруга!» с. 198—199

«Я більше не граю!»

Зазвичай батькам приємно бачити в дитині перші прояви змагальної поведінки. Утім, разом з умінням наполягати на своєму та йти до мети надмірна змагальність приносить із собою втрату стосунків з людьми.

Ситуація | Малюк каже, що більше не хоче грати в карти з другом, бо програє.

ВІН КАЖЕ:

«Я більше не граю!»

Приблизно до 4 років діти охоче грають разом, допомагаючи одне одному. Однак мірою розширення кола спілкування малюк починає порівнювати свої здібності зі здібностями інших і його поведінка стає дедалі більш змагальною.

❝ ❞

«МАЛЮК ЩЕ НЕ РОЗУМІЄ, ЩО ІНКОЛИ КРАЩЕ ПРОГРАТИ, АНІЖ ВТРАТИТИ ДРУГА».

ВИ МОЖЕТЕ ПОДУМАТИ:

«Змагальність — це добре, але так він усіх друзів розгубить через невміння грати гідно».

Вам може хотітися, щоб малюк засвоїв підхід «переможець отримує все», — але важливо навчити його не порушувати правила та контролювати своє роздратування та агресивні інстинкти.

▶ ПЕРЕГЛЯНЬТЕ ПОВ'ЯЗАНІ ТЕМИ ◀

«Я нікому не подобаюся» с. 190—191
«Я — найкращий!» с. 204—205

ВІН ДУМАЄ:

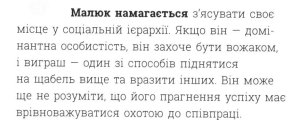

«*Програвати нецікаво. Усе б зробив задля перемоги!*»

Малюк намагається з'ясувати своє місце у соціальній ієрархії. Якщо він — домінантна особистість, він захоче бути вожаком, і виграш — один зі способів піднятися на щабель вище та вразити інших. Він може ще не розуміти, що його прагнення успіху має врівноважуватися охотою до співпраці.

ЯК РЕАГУВАТИ

Негайно:

Розкажіть, як впоратись із поразкою. Поясніть, що неможливо вигравати щоразу. Якщо малюк влаштував істерику через програш, скажіть: «Я розумію, що ти засмучений, але це всього лише гра, а ти мусиш контролювати своє роздратування».

Підкресліть важливість командної роботи. Розкажіть, що співпраця з іншими гравцями та взаємоповага не менш важливі за бажання перемогти.

Поговоріть про здорову змагальність. Поясніть малюкові, що слід грати чесно, навіть коли він програє, — інакше ніхто не буде з ним грати. Наведіть приклади професійних спортсменів, які гідно визнавали поразку.

На майбутнє:

Перевірте себе. Можливо, це від вас малюк запозичив думку, що життя немилосердне і що варто вигравати за будь яку ціну?

Нехай пограє зі старшими дітьми. Старші діти покажуть, що виграш не є необхідною умовою, щоб насолоджуватися процесом.

Цифровий світ

Що більше поширюються технології, то раніше діти опановують ґаджети та інтернет. Завдання батьків — навчати дітей будь-якого віку бути з технікою «на ти».

Хоча більшість дітей користуються інтернетом досить впевнено, вони не мають достатньо глибокого розуміння світу, щоб усвідомлювати всі ризики. Саме тому їм так важливо мати ваші поради та підтримку.

Усвідомлення потенціалу

Варто розглядати технології як додаткову можливість: переглядайте передачі про природу, грайте разом, виділіть час на регулярні дзвінки бабусі з дідусем, полегшуйте виконання домашніх завдань.

Утім, переконайтеся, що час, проведений онлайн, не розширюється за рахунок часу на іншу діяльність, як-от читання книжок, малювання чи ігри на свіжому повітрі. Майте на увазі, що саме вам доведеться керувати цифровим часом вашої дитини, — бо сама вона, з її природженим потягом до усього нового, цього робити поки що не здатна.

> **❝ ❞**
>
> **«НАВЧІТЬ ДИТИНУ КОРИСТУВАТИСЯ ІНТЕРНЕТОМ БЕЗПЕЧНО ТА ВІДПОВІДНО ДО ЇЇ ВІКУ».**

1

Обмежуйте екранний час. Дослідження показують, що 1 години екранного часу на день, витраченого на якісні додатки чи ігри, більш ніж достатньо для дитини віком 2—5 років.

4

Шукайте безпечно. Додайте погоджений перелік сайтів до закладок та надавайте перевагу орієнтованим на дітей пошуковим сервісам: так результати пошуку будуть відповідними до віку малих.

6

Використовуйте техніку на благо. Навчайтеся, творіть, зміцнюйте зв'язок з дитиною замість пасивно її розважати.

9

Скажіть телефону «ні». Сучасні телефони — потужні мінікомп'ютери. Попри те що дитина вже може просити власний телефон, їй ще зарано його мати. Зачекайте, доки їй виповниться хоча б 10 років.

ВАРТО СПРОБУВАТИ

12 основних принципів

2

Будьте добрим прикладом. Не користуйтеся телефоном у час, відведений на дітей, та будьте їм за взірець помірного використання ґаджетів.

3

Встановіть періоди, коли ґаджети заборонені. Нехай прийом їжі, повернення додому та прогулянки на свіжому повітрі стануть вільним від ґаджетів часом для сім'ї. Діти не мають проблем, доки це правило єдине для всіх.

5

Придбайте будильник. Якщо планшет лежатиме в дитячій — дитина відчуватиме спокусу тихцем грати на ньому замість спати. До того ж запровадження правила «жодного ґаджета за годину перед сном» допоможе уникнути легкого сну, що часто переривається.

7

Нехай ґаджети лишаються на видноті. Зберігайте їх у місцях загального користування (приміром, у кухні): так ви зможете слідкувати за використанням дитиною інтернету та розділяти з нею її знахідки.

8

Розмовляйте з дитиною. Покажіть їй, що ви обізнані зі світом онлайн. Поцікавтесь у неї, що вона сьогодні знайшла та в які ігри грає, щоб бути в курсі її цифрового життя.

10

Щось не так? Відклади! Навчіть дитину закривати кришку ноутбука та класти планшет на стіл екраном донизу щоразу, як на екрані виникне щось, що її налякає або засмутить. Нехай негайно розкаже про це дорослим.

11

Зважайте на вікові обмеження. Мінімальний вік для користувачів більшості соціальних мереж — 13 років. Порушуючи це обмеження, дитина ризикує побачити там те, до чого ще не готова.

12

Жодних «електронних няньок». Ніколи не дозволяйте брати ґаджети у ліжко. Краще почитайте дитині казку: це добре і для розвитку мовлення, і для самооцінки дитини.

АДАПТОВАНІ ПОРАДИ

За віком

2–3 РОКИ

Вирішувати вам
Ґаджети зачаровують дітей — але вони не втратять нічогісінько, якщо відкласти це знайомство на потім.

Активно й недовго
Користуйтеся ґаджетами разом. Пограйте з фото та відео і знайдіть додатки, що підходять для віку дитини та потребують її активної участі. Цифрові сеанси не повинні тривати довше за півгодини.

4–5 РОКІВ

Заохочуйте обходитись без ґаджетів
Скажіть дитині, що вам більше подобається грати безпосередньо з нею (приміром, у настільні ігри), ніж коли вас розділяє екран.

Допомога з домашнім завданням
У садочку діти можуть виконувати певні вправи на комп'ютері, тож він може знадобитися дитині для виконання домашнього завдання.

6–7 РОКІВ

Приватність — понад усе
Поясніть дитині, що ніколи не можна ділитися особистою інформацією чи приватними світлинами.

Покажіть повну картину
Діти не розуміють, що кожна їхня дія в інтернеті відслідковується для кращого таргетування рекламами, — тож поясніть їм це.

«Звідки беруться діти?»

Діти цього віку чують розмови друзів про те,
як дорослі роблять дітей. Будьте готові до розмови
про секс чуйно й зважаючи на вік,
щоб не заплутати та не занепокоїти малюка.

Ситуація | Син почув від друзів, як мами й тата роблять дітей, і питає у вас, чи це правда.

ВІН КАЖЕ:

«Звідки беруться діти?»

ВИ МОЖЕТЕ ПОДУМАТИ:

«Йому зарано знати про такі дорослі речі. Я боюся сказати щось не те».

Дітей цікавить не лише їх місце в світі, а й історія їх появи в ньому. Не маючи фактів, вони вдаються до «магічного мислення» — себто придумують історію, яка пояснить те, що їм не зрозуміло. Наприклад, малюк може вирішити, що коли хтось хоче — треба всього лише приїхати до лікарні і попросити дати немовля.

Ви можете нервуватися, адже треба дібрати правильні слова та не налякати малюка. Вам може бути незручно обговорювати з сином своє інтимне життя; вам ніяково, що він екстраполює ваше пояснення на історію свого зачаття.

ПЕРЕГЛЯНЬТЕ ПОВ'ЯЗАНІ ТЕМИ

«Чужий» — це хто? с. 232—233
«Не чіпай мій щоденник!» с. 234—235

ВІН ДУМАЄ:

«Друзі кажуть, що татко вставляє пісюн у маму, щоб зробити дитину, але ж це не може бути правдою?»

Ваш малюк уже розуміє, чим відрізняються хлопчики та дівчатка. Почуте може видатися йому дивним або навіть гидким. Він може хотіти запевнення, що насправді все відбувається не так дивно. На цьому етапі розвитку він здатен зрозуміти лише вступну частину теми розмноження людей.

ЯК РЕАГУВАТИ

Негайно:

Запитайте в малюка, що він уже знає. Спитайте, звідки, на його думку, беруться діти. Побачивши рівень його обізнаності, ви простіше доберете слова та вирішите будь-яке непорозуміння.

Розкажіть основи. Використовуйте терміни, які не викликають у вас дискомфорту. Приміром, скажіть: «Є спеціальні насінинки — вони називаються сперматозоїдами, — які виходять з таткового пеніса і пливуть до маминої вагіни у пошуках яйцеклітини. Якщо вони зустрічаються — починає рости дитинка».

Зупиніться вчасно. Якщо реакція сина «буеее!», засмійтеся і скажіть, що інколи дорослі роблять це, щоб відчути близькість і показати свою любов одне до одного. Якщо питань більше немає — не продовжуйте розмову. Це означає, що малюк отримав достатньо інформації і тепер її осмислює.

На майбутнє:

Продовжуйте пояснювати. Коли малюк підросте, ненав'язливо поверніться до цієї теми, щоб доповнити інформацію: приміром, що секс є приємним для дорослих, які люблять одне одного. Скажіть, що ви розумієте, що малюка це може спантеличувати — але запевніть, що він усе зрозуміє, коли стане старшим.

Скористайтеся посібниками. Якщо вам важко дібрати слова — скористайтеся книжечками, написаними фахівцями спеціально для того, щоб допомогти батькам говорити з дітьми про секс.

«Я точно маю робити вправи з музики?»

Чимало батьків сприймають уроки музики як найкращий подарунок для дитини. Дослідження показують, що гра на музичному інструменті покращує координацію рухів, а також сприяє соціальному та емоційному розвитку. Складність полягає в тому, щоб гармонійно вбудувати ці заняття у життя сім'ї.

Ситуація | Дитина каже, що їй набридли вправи на фортепіано і що вона взагалі більше не хоче займатися музикою.

ВОНА КАЖЕ:

«Я точно маю робити вправи з музики?»

ВИ МОЖЕТЕ ПОДУМАТИ:

«Навколишній світ — висококонкурентний, і що раніше вона почне — то більше шансів матиме і то далі піде».

Після тяжкого дня музичні вправи видаються дитині чималим додатковим навантаженням, а їй хочеться мати трохи вільного часу після шкільних занять та домашніх завдань. Батьки, проте, дивляться на ситуацію ширше і розглядають опанування музичного інструмента, як корисні вправи. Така різниця підходів може призвести до конфлікту.

Можливо, ви вважаєте, що, розпочавши змалку та старанно тренуючись, ваша дитина стане видатним музикантом. Але це перейде у банальне «міряння характерами», якщо ви — єдине джерело мотивації.

ПЕРЕГЛЯНЬТЕ ПОВ'ЯЗАНІ ТЕМИ
«Це нечесно!» с. 180—181
«Домашні завдання — це нудно» с. 202—203

ВОНА ДУМАЄ:

«Я ніколи не маю часу, щоб просто побути вдома й робити те, що мені хочеться!»

Діти мають купу енергії, але вони також потребують вільного часу та свободи у грі. Дитина може скаржитися, якщо їй здається, що бажання грати на фортепіано більше ваше, ніж її.

ЯК РЕАГУВАТИ

Негайно:

Заохочуйте. Будьте вдячними слухачами, хоч як травмують ваш слух ранні спроби дитини.

Хваліть за наполегливість. Слухайте разом записи творів, що розучує дитина, хоч які вони прості: так дитина знатиме, як вони мають звучати, та відчує мотивацію тренуватися. Підкреслюйте, що з кожним днем вправ вона наближається до такої самої бездоганної гри.

На майбутнє:

Скоротіть сеанси гри. Поставте музичний інструмент у спільному просторі: дитині може бути самотньо тренуватися у своїй кімнаті. Короткі щоденні заняття по 10 хвилин принесуть кращі результати, ніж півгодинне сидіння раз на кілька днів.

Долучайтеся. Придумайте музичні ігри (приміром, музичну лотерею) або ж клейте на інструмент маленькі наліпки за кожне заняття.

Проявіть гнучкість. Дитина може розпочати з фортепіано, а пізніше захотіти перейти до класу гітари. Перехід не завадить їй покращувати координацію та вивчати теорію музики.

«Чужий» — це хто?»

Доки син був немовлям, а потім маленьким хлопчиком, він завжди перебував під наглядом — або вашим, або іншої дорослої людини, якій ви довіряєте. Тепер він стає більш самостійним, і його безпека у зовнішньому світі непокоїть вас. Навчання необхідним навичкам допоможе малому лишатися в безпеці.

Ситуація | Ваша сім'я поїхала на пляж, і малюк питає, чи можна йому піти купити морозива. Ви наказуєте йому нікуди не ходити з чужими.

ВІН КАЖЕ:

«Чужий» – це хто?»

ВИ МОЖЕТЕ ПОДУМАТИ:

«Не хочу тривожити його — але раптом щось станеться?»

Оскільки раніше малюка завжди оточували люди, які дбали про нього, йому може здаватися, що він у безпеці з усіма дорослими. Його може шокувати й спантеличити ваше попередження, що не усі дорослі дбають про його інтереси.

Перший порив батьків — захищати малюка, і навіть сама думка про можливість викрадення викликає у вас тривожність. Вас може непокоїти, як відповісти на запитання сина, що викрадач робитиме з викраденою дитиною, — і як при тому не зруйнувати його невинне світосприйняття.

«МІРОЮ ЗРОСТАННЯ САМОСТІЙНОСТІ МАЛЮКА ЗНАЙДІТЬ «ЗОЛОТУ СЕРЕДИНУ» МІЖ ЙОГО БЕЗПЕКОЮ ТА НАДАННЯМ ЙОМУ МОЖЛИВОСТІ ДОСЛІДЖУВАТИ СВІТ».

ВІН ДУМАЄ:

«Нащо чужим мене кривдити? І як їх розпізнати?»

Уявлення малюка про зло дуже розмиті, і здебільшого він уявляє його як монстрів, які втілюють його страхи перед невідомим. Розуміння, що «зло» буває пов'язане з людьми, може налякати малюка. Спосіб мислення дітей відрізняється від дорослого, тому варто вбудовувати їх тривожність у загальну картину.

ПЕРЕГЛЯНЬТЕ ПОВ'ЯЗАНІ ТЕМИ

«Звідки беруться діти?» с. 228—229
«Купіть мені телефон!» с. 240—241

ЯК РЕАГУВАТИ

Негайно:

Дайте просте пояснення. Поясніть, що більшість незнайомих людей хороші, але є й такі, яким байдуже на безпеку малюка.

Уникайте настанов на кшталт «не говори до незнайомців». Діти мають знати, що цілком нормально звертатися до незнайомців у магазині, або у громадському транспорті, або щоб попросити про допомогу. Натомість запропонуйте дитині придивлятися до дій незнайомців, що викликають тривогу та дискомфорт: приміром коли підліток чи дорослий просить про допомогу у малюка заміть звернутися до дорослих. Навчіть дитину пильнувати такі сигнали і передусім дослухатися до них — а вже потім дбати про чемність, навіть стосовно інших дітей.

На майбутнє:

Тренуйте малюка. Йдучи кудись із сином, пограйте з ним у вікторину «а що, як…?». Приміром: «Що, як ти загубишся у великому магазині?»

Навчіть перепитувати у вас. Діти цього віку можуть не розуміти, як має виглядати «чужий»; не розуміти, що така людина може здаватися дружньою і приємною. Навчіть малюка завжди перепитувати у батьків чи у дорослого, який зараз дбає про нього, якщо хтось незнайомий звернеться до нього з проханням.

Тверезо оцінюйте ситуацію. Викрадення дітей трапляються нечасто. З однаковою ревністю навчайте його інших навичок виживання: вміння плавати, переходити дорогу та безпеки онлайн.

«Не чіпай мій щоденник!»

Почавши краще розуміти свої думки та почуття, дитина часом веде щоденник, де може писати речі, про які не хоче розповідати іншим. Попри спокусу прочитати записи краще утриматися та поважати приватність.

Ситуація | Ви прибираєте у спальні дитини і знаходите біля її ліжка зошит із заголовком: «Мій щоденник: не чіпати!».

ВОНА КАЖЕ:

«Не чіпай мій щоденник!»

ВИ МОЖЕТЕ ПОДУМАТИ:

«Чому вона від мене щось приховує? Вона мені не довіряє?»

У цьому віці дитина переживає ширший спектр супротивних почуттів. Виливаючи їх на папері, вона відсторонюється, розбирає та обдумує їх; це допомагає їй почуватися краще. У цьому віці діти мають магічне мислення: вони вірять, що коли написано «не чіпати!» — ви не заглядатимете.

Дитина починає розуміти, що вона може ділитися думками вибірково. Вас може тривожити, чи є їй що приховувати, а чи вона перестала вам довіряти, — але щоденник є необхідним етапом сепарації на шляху до дорослого життя.

66 99

«ДИТИНА ВЖЕ РОЗУМІЄ, ЩО Є РОЗМЕЖУВАННЯ МІЖ ЇЇ ДУМКАМИ Й ТИМ, ЩО ВОНА КАЖЕ БАТЬКАМ ТА ІНШИМ ЛЮДЯМ».

ВОНА ДУМАЄ:

«Я не хочу про все розповідати мамі й таткові. Мені подобається мати думки, про які ніхто не знає».

Щоденник дитини — це місце, де можна безпечно вилити усі свої почуття, зокрема такі незручні, як ненависть і заздрість (які дорослі часто не схвалюють). Навички письма та пам'ять дитини покращилися достатньо, щоб вона із захватом створювала собі цей острівець приватності, де можна самовиражатися вільно, без цензури.

ЯК РЕАГУВАТИ

Негайно:

Не читайте. Якщо дитина дізнається, що ви прочитали її щоденник, — ви ризикуєте втратити її довіру.

Порадійте за дитину. Не розглядайте щоденник своєї дитини як бажання відсторонитися від вас. Порадійте, що вона достатньо розуміє свої почуття, щоб записувати їх. Дослідження показують, що ведення щоденника знижує стрес та покращує здоров'я.

На майбутнє:

Поговоріть про хороші та погані таємниці. Поясніть дитині, що приховування поганої таємниці викликатиме смуток, тривожність, страх — тоді як хороша таємниця (як-от вечірка-сюрприз чи подарунок) викликатиме у неї захват. Підкресліть, що слід поговорити з дорослими, якщо вона має погану таємницю.

Підтримуйте зв'язок. Переконайте дитину, що ви завжди вислухаєте, якщо вона захоче поговорити.

Цінуйте усі емоції. Не проявляйте незадоволення певними емоціями, як-от ненависть чи заздрість. Якщо ви це робите, дитина може вирішити, що вам не можна вільно виливати свої думки.

◀ ПЕРЕГЛЯНЬТЕ ПОВ'ЯЗАНІ ТЕМИ ▶

«Ненавиджу тебе!» с. 184—185
«Мені ніяково» с. 206—207

«Чому ти маєш іти на роботу?»

Ваш малюк досі має природне бажання бути поруч із вами,
тож коли ваша робота забирає вас у нього чи перериває спільне дозвілля,
він може протестувати. Можливо, ви не в змозі обирати робочі години,
але ви можете обмежити їх вплив на життя сім'ї.

Ситуація | Ви маєте бігти на вранішню електричку, щоб встигнути на роботу, і не зможете відвести малюка до школи.

ВІН КАЖЕ:

«Чому ти маєш іти на роботу?»

Це питання — ознака, що син почав розглядати вашу роботу як загрозу вашому часу разом. Він не любитиме вашу роботу, якщо через неї ви нервуєте, відволікаєтеся та інколи пропускаєте важливі для нього події, як-от шкільні заходи.

ВИ МОЖЕТЕ ПОДУМАТИ:

«Можливо, я погано розставила пріоритети?»

Це питання може викликати суперечливі почуття. Вас може непокоїти, чи не шкодите ви малому, проводячи з ним недостатньо часу; чи не пропускаєте ви його дитячі роки. Водночас робота може бути потрібна вам для підвищення самооцінки чи фінансового забезпечення.

" "

«ЗНАЙДІТЬ СПОСІБ ВІДМЕЖУВАТИ СІМЕЙНИЙ ЧАС: ТАК МАЛЮК ЗНАТИМЕ, ЩО ВІН — ВАШ ПРІОРИТЕТ».

ВІН ДУМАЄ:

«Невже мама любить роботу більше за мене?»

Діти вірять, що дорослі можуть ухвалювати рішення виключно на власний розсуд — тож ваша робота може здаватися малюкові часом, який ви обираєте проводити без нього. Діти цього віку лише починають розуміти, скільки ви мусите працювати, щоб заробити достатньо грошей. У результаті малюк може сприймати вашу роботу як прояв відчуження між вами.

ЯК РЕАГУВАТИ

Негайно:

Проявіть розуміння. Запитання сина може викликати почуття провини — але пам'ятайте, що він не мав на меті засмутити вас. Діти схильні вірити, що світ обертається довкола них, тож для малого природньо бажати запевнень, що ви любите його понад усе.

Розкажіть про свої почуття. Поясніть, що він важливіший за роботу, але що ви маєте робити корисні речі та зустрічати нових людей, так само як він робить це у школі. Скажіть, що робота дає вам заробляти гроші. Запевніть сина, що постійно думаєте про нього, навіть коли ви не разом.

Допоможіть малюкові зрозуміти. Поговоріть про різні професії. Приміром, поясніть йому, як вчителі та персонал їдальні дбають про нього протягом дня.

На майбутнє:

Перевірте свої пріоритети. Подумайте, як ваша робота позначається на сімейному житті. Відокремте час на малюка: наприклад, перевіряйте пошту лише після того, як вкладете його спати.
Проявляйте увагу та турботу. Повертаючись додому, візуалізуйте, як ви відпускаєте тривоги та повертаєтеся до ролі матері. Частіше проводьте час із малюком та використовуйте на повну вихідні, свята і відпустки.

► ПЕРЕГЛЯНЬТЕ ПОВ'ЯЗАНІ ТЕМИ ◄

«Мамо, послухай!» с. 178—179
«Не хочу йти до школи» с. 196—197

«Завжди мені нічого не можна!»

У цьому віці дитина захоче спробувати нові речі,
щоб почуватися дорослішою та не виділятися з-поміж однолітків.
Ця нова самостійність викликатиме у батьків чимало
різних (нерідко суперечливих) почуттів.

Ситуація | Донька каже вам після школи, що нова подружка, яка живе з батьком, запросила її до себе в гості з ночівлею. Ви кажете: «Ні!»

VОНА КАЖЕ:

«Завжди мені нічого не можна!»

ВИ МОЖЕТЕ ПОДУМАТИ:

«Вона ще маленька. Я дбаю про її безпеку».

Ваша дитина починає розуміти своє місце у світі. Їй хочеться проводити більше часу з друзями та мати більше свободи. Гостина з ночівлею — цікавий новий досвід; їй відчайдушно хочеться прийняти запрошення нової подруги та почуватися більш дорослою.

Раніше ви, батьки, повністю контролювали оточення дитини, дбаючи про її безпеку. Вам може не подобатися думка про те, щоб довірити свою дитину іншому дорослому, з яким ви навіть не знайомі.

«ЯКЩО ВИ ОБМЕЖУЄТЕ ДІТЕЙ БЕЗ ПОЯСНЕНЬ, ВОНИ НЕ НАВЧАТЬСЯ ОБГОВОРЮВАТИ РИЗИКИ».

ВОНА ДУМАЄ:

«Усі мої друзі ходять у гості з ночівлею! Я вже не маленька!»

Ваша дитина може вважати, що інші батьки більш поблажливі, — чи просто сказати це, щоб змусити вас засумніватися у собі. Навіть якщо перспектива заночувати не вдома трохи її нервує — вона не хоче показати слабкість перед однолітками. Водночас (хоча донька всіляко показуватиме своє роздратування) діти почуваються безпечно, якщо батьки встановлюють справедливі та продумані обмеження.

ЯК РЕАГУВАТИ

Негайно:

① З'ясуйте причину відмови. Можливо, зростання самостійності дитини — це ваша «сліпа пляма». Нехай ваші рішення базуються на інформації, а не на страхах. Якщо ви розумієте, що відповідь «Ні!» прозвучала майже рефлекторно, — можливо, варто подумати над тим, щоб дати дитині більше свободи.

② Встановіть межі. Поясніть, що вас тішить сміливість дитини ночувати не вдома та що ви бажаєте, аби їй було весело, але про такі серйозні речі спершу мусять домовитися її з подружкою батьки.

③ Поясніть своє рішення. Ви можете відмовити — але для емоційного та соціального розвитку дитини буде краще, якщо ви поясните причину.

На майбутнє:

Познайомтеся з батьками друзів дитини. Прислів'я «Дитину ростить ціле село» — чудове спостереження. Вам буде простіше відпускати дитину в гості, якщо ви знатимете батьків її однокласників.

Уникайте гіперопіки. Опирайтеся спокусі контролювати життя дитини понад міру. Якщо ви надто тривожитеся, дитина припустить, що вона не здатна про себе подбати, — і тривожитиметься також.

ПЕРЕГЛЯНЬТЕ ПОВ'ЯЗАНІ ТЕМИ

«Це нечесно!» с. 180—181
«Якби в мене були інші батьки!» с. 194—195

«Купіть мені телефон!»

Більшість батьків чекають, доки дитині виповниться принаймні 10 років, перш ніж купувати їй телефон. Утім, це не спинить дитину від випрошування мобільника, якщо вона вважає, що це допоможе вразити однолітків чи забезпечить додаткові розваги.

Ситуація | Малюк каже, що дуже хоче отримати телефон на день народження.

ВІН КАЖЕ:

«Купіть мені телефон!»

ВИ МОЖЕТЕ ПОДУМАТИ:

«А може, справді купити? Так він буде в більшій безпеці».

Телефон для малюка — високотехнологічна іграшка. Він хоче грати в ігри, робити світлини та надсилати повідомлення — як ви. Він ще недостатньо зрілий, щоб розуміти, що телефони можуть поглинати усю увагу й відволікати від подій реального життя, ігор та фізичних вправ, які потрібні йому для здорового розвитку.

Ви можете відчувати спокусу подарувати малому телефон, щоб він завжди був на зв'язку з вами, — особливо якщо ви розлучилися та проживаєте досить далеко від колишнього подружжя. Вас також може тішити, що ви здатні купити малому високовартісний ґаджет і це допоможе йому вразити однолітків.

«НЕХАЙ МАЛЮК НАСОЛОДЖУЄТЬСЯ ВЕСЕЛОЩАМИ ТА НАЇВНІСТЮ ДИТИНСТВА ДО ТОГО, ЯК ВИ ДОЗВОЛИТЕ ТЕЛЕФОНУ ВІДВОЛІКАТИ ЙОГО ВІД ПОДІЙ РЕАЛЬНОГО ЖИТТЯ».

ЯК РЕАГУВАТИ

Негайно:

Відмовте. Скажіть, що доведеться зачекати, доки він підросте. Скажіть, що телефон — не іграшка; що це потужний мінікомп'ютер, який відкриває широкий дорослий світ, до якого малюк ще не готовий.

Поясніть вартість питання. Чимало дітей вважають телефони мало не безкоштовними. Вони також можуть вважати, що телефон — це їх невід'ємне право. Поясніть малюкові, що телефон — дороге задоволення і привілей, який він, можливо, отримає, коли підросте.

Запитайте, навіщо дитині телефон. Дізнайтеся, що саме поява телефона змінить у житті сина. Чи не прагне малюк здобути соціальне визнання? Якщо це так, можливо, він має проблеми з входженням у компанію. Допоможіть йому дізнатися інші способи знайти друзів, заохочуючи спільні ігри та тренуючи його соціальні навички, як-от уміння ділитися та грати по черзі.

На майбутнє:

Покажіть, що реальний світ цікавіший. Проводьте з малюком час та звертайте його увагу на дива реального життя. Робіть сімейний час пріоритетним і цікавим, і тоді ґаджети не видаватимуться цікавішими.

Показуйте приклад. Якщо ви постійно «залипаєте» у телефоні та поводитеся так, ніби він — центр вашого всесвіту, ви можете створити в малюка враження непомірної важливості телефона.

ВІН ДУМАЄ:

«Друзі вважатимуть мене крутим, якщо в мене буде власний телефон. Я почуватимуся таким дорослим!»

Ваш син живе у світі, у якому всі, здається, «залипають» у телефонах. Природно, він також хоче мати свого. До того ж репутація серед однолітків набуває більшого значення, та ще й додалося бажання виглядати «крутим» тож малий думає, що наявність телефона забезпечить йому вищий статус.

ПЕРЕГЛЯНЬТЕ ПОВ'ЯЗАНІ ТЕМИ

«Я нікому не подобаюся» с. 190—191
«Але всі мої друзі вже це мають!» с. 208—209

«Я негарна!»

Суспільні уявлення про привабливість тиснуть на нинішніх дітей сильніше,
ніж будь-коли. Без допомоги дорослих дитина може вирішити,
що вона «не дотягує» до «високого ідеалу».
Утім, є безліч способів протидіяти.

Ситуація | Донька заливається сльозами, бо вона не така приваблива, як люди «в телевізорі».

ВОНА КАЖЕ:

«Я негарна!»

Коли діти підростають, дорослі частіше коментують зовнішність дівчат, аніж хлопців (яких зазвичай хвалять за силу та наполегливість). Це може створити у дівчат враження, що зовнішність — їх найважливіша риса. Якщо донька чула, як ви критикуєте власну зовнішність, — її внутрішній голос міг «запозичити» причини вашого невдоволення та спрямувати їх на себе.

❝❞

«САМООЦІНКА ДІТЕЙ МАЄ ҐРУНТУВАТИСЯ НА ЛЮДСЬКИХ ЯКОСТЯХ, А НЕ НА ЗОВНІШНОСТІ».

ПЕРЕГЛЯНЬТЕ ПОВ'ЯЗАНІ ТЕМИ

«У мене не вийде!» с. 182—183
«Я гірший за них» с. 220—221

ВИ МОЖЕТЕ ПОДУМАТИ:

«Вона прекрасна! Як вона може таке думати, та ще й у такому юному віці?»

ВОНА ДУМАЄ:

«Чому я не схожа на моделей та попзірок, яких бачу по ТВ та онлайн?»

Коли дитина висловлює такі тривоги, це нерідко заскочує батьків зненацька. Вас може непокоїти зосередженість медіа та тілесності та вплив, який це справляє на дітей. Ви можете боятися сказати щось не те й лише посилити сумніви дитини у собі.

Раніше діти мали більш реалістичне уявлення про зовнішність, бо найчастіше бачили людей зі свого оточення. У світі, де панує культура «зірок», дитині бракує досвіду, щоб зрозуміти, наскільки ця картинка несправжня.

ЯК РЕАГУВАТИ

Негайно:

Запитайте, чому вона так вирішила. Обійміть дитину та запитайте, з ким вона себе порівнює. Попросіть її назвати три частини чи особливості власного тіла, які їй подобаються. Покажіть приклад і розкажіть, що вам подобається у собі.

Цінуйте інші якості. Розповідайте дитині про її унікальність і про неймовірні речі, на які здатне її тіло, а не про його зовнішній вигляд.

На майбутнє:

Поговоріть про здорове тіло. Поясніть, що тіло дитини не має виглядати, як доросле: у нього інші пропорції, і воно набуде зрілого вигляду за певний час.

Будьте поблажливішою до себе. Утримуйтесь від критики своєї зовнішності, розмов про дієти та зважування на очах у дитини. Нехай вона чує, як ви хвалите себе (та інших) за щирість, доброту, почуття гумору.

Допоможіть їй фільтрувати посили ЗМІ. Дитина ще не має життєвого досвіду, щоб розуміти нереалістичність образів знаменитостей та їх вплив на себе. Перегляньте разом журнал та покажіть дитині, як саме було відредаговано світлини знаменитостей.

Позашкільні заняття

Дати дитині можливість спробувати себе у різних сферах, щоб вирости різносторонньою особистістю, — природне бажання батьків. Позакласні заняття та гуртки допомагають дітям розкривати свій хист та знаходити друзів з подібними інтересами.

Надзвичайно важливо, щоб у дитини лишався вільний, нерозпланований час — на навчання, виконання завдань, осмислення власних емоцій та самостійне пізнання закономірностей життя. Завжди тримайте рівновагу між заняттями, іграми та вільним часом.

Деякі додаткові заняття, як-от участь у скаутському русі, розвивають важливі життєві навички (приміром, уміння працювати в команді) та знайомлять дітей з дикою природою. Важливо навчити дитину плавати — тож подбайте про заняття із кваліфікованим тренером.

Діти схильні старанніше (та довше) займатися в гуртках, які їм подобаються та розвивають їх природні схильності. Звертайте увагу на здібності дитини та розвивайте їх за допомогою позашкільних занять.

«ЗНАЙШОВШИ СПРАВУ, ЯКА ПЕРЕТВОРЮЄТЬСЯ НА НАВИЧКУ, ДІТИ ПОЧУВАЮТЬСЯ БІЛЬШ ЗДІБНИМИ, І ЦЕ ПОКРАЩУЄ ЇХНЮ САМООЦІНКУ».

1

Візьміть «пробний урок». Розпочніть знайомство з новим гуртком із пробного заняття: воно покаже, чи дитині то цікаво і в радість.

4

Ігноруйте страх упущених можливостей. Коли ви бачите, як інші батьки записують дітей на купу гуртків, ви можете захотіти записати дитину ще й туди. Переконайтесь, що дбаєте про інтереси своєї дитини.

7

Слідкуйте за власним рівнем стресу. Якщо ви постійно поспішаєте доправити дитину з гуртка на гурток і це стає для вас занадто — є вірогідність, що це занадто і для дитини.

9

Навчайте особисто. Є чимала вірогідність, що дитина радше навчиться чогось у вас, — тож запропонуйте їй таку можливість у всьому, що можна зробити вдома (кулінарія, основи образотворчого мистецтва).

10 основних принципів

2

Перевіряйте гуртки. Чимало організацій пропонують великий вибір занять для дітей. Поговоріть з викладачами, щоб перевірити їх кваліфікацію та переконатися, що вони не ставлять дохід понад усе.

3

Доберіть заняття, що підходять дитині якнайкраще. Діти повинні мати щонайменше годину помірного фізичного навантаження на день. Запитайте у дитини, що б вона хотіла робити. Деякі діти обирають командний спорт, як-от футбол, а деякі — індивідуальний (велоспорт).

5

Звертайте увагу на ознаки перевтоми. Діти можуть мовчати про бажання кинути певний гурток, щоб не засмучувати батьків. Подумайте про скорочення переліку позашкільних занять, якщо дитина каже, що хотіла б частіше бувати вдома, постійно виглядає втомленою чи страждає на головний біль або біль у животику.

6

Проявіть гнучкість. Мірою зростання дитини дозвольте їй обирати нові гуртки. Замість непокоїтися через її «непосидючість» дозвольте дитині спробувати щось нове та розвивати вже набуті навички в інший спосіб.

8

Перевірте свої мотиви. Ви записали дитину на цей гурток, бо він їй подобається — чи тому, що вам здається, що він дає їй певні переваги? Якщо друге — то вона може відчути тиск і стати тривожною.

10

Щодня залишайте вільний час. Низка досліджень показала, що невпорядкована гра допомагає дітям керувати емоціями, планувати та вирішувати проблеми. Залиште дитині трохи вільного часу на щодень (але зробіть його вільним від ґаджетів).

АДАПТОВАНІ ПОРАДИ
За віком

2—3 РОКИ

Сам на сам
Діти цього віку найкраще навчаються через взаємодію віч-на-віч з кимось із батьків чи нянею; групові ж заняття можуть приголомшити дитину. Сходіть до парку, пограйте, заспівайте пісеньок — для дитини це не менш захопливо, аніж урок музики.

4—5 РОКІВ

Період звикання
Дитина лише звикає до дитсадка, тож не варто записувати її на додаткові заняття протягом першого семестру.

Гра передусім
Дитина знайомиться з одногрупниками в садочку і вчиться ділитися та грати по черзі — тож влаштовуйте спільні ігри якомога частіше.

6—7 РОКІВ

Більше цікавинок у школі
Підкажіть дитині, що можна встигнути зробити на звичайних та обідній перервах: так ці заняття не забиратимуть вільний час удома.

Чи достатньо сну?
Діти цього віку мають спати 9–11 годин на добу. Відмовтеся від додаткових занять, якщо через них дитина допізна сидить над домашніми завданнями чи лягає спати після встановленого часу.

Бібліографія

С. 24—25. З ЧОГО ПОЧИНАЄТЬСЯ ПІЗНАННЯ

B. Hart and T. R. Risley, Meaningful Diff erences in the Everyday Experience of Young American Children, Baltimore, Brookes Publishing, 1995.

С. 26—27. ДИТЯЧИЙ МОЗОК

M. M. Tanaka-Arakawa et al., "Developmental Changes in the Corpus Callosum from Infancy to Early Adulthood: A Structural Magnetic Resonance Imaging Study", PLoS One 10, no. 3 (2015).

Harvard University, "Brain Architecture", Center on the Developing Child, [web article], https://developingchild.harvard.edu/science/key-concepts/brain-architecture/, (accessed 2 July 2018).

T. Payne Bryson and D. Siegel, The Whole-Brain Child: 12 Proven Strategies to Nurture Your Child's Developing Mind, London, Robinson, 2012.

С. 28—29. КОНТРОЛЬНІ ТОЧКИ: 2—3 РОКИ

A. S. Dekaban and D. Sadowsky, "Changes in brain weights during the span of human life: relation of brain weights to body heights and body weights", Annals of Neurology 4, no. 4 (1978), pp.345—356.

E. Hoff, "Language Experience and Language Milestones During Early Childhood", in K. McCartney and D. Phillips, (eds), Blackwell Handbook of Early Childhood Development, Blackwell Publishing, 2005, pp.233—251.

S. P. Shelov and T. Remer Altmann (eds), Caring for Your Baby and Young Child, 5th ed., Itasca (IL), American Academy of Pediatrics, 2009, cited in American Academy of Pediatrics, "Language Development: 2 Year Olds", Healthy Children, [web article], 1 August 2009, https://www.healthychildren.org/English/ages-stages/toddler/Pages/Language-Development-2-Year-Olds.aspx, (accessed 2 July 2018).

С. 32—33. КОНТРОЛЬНІ ТОЧКИ: 6—7 РОКІВ

V. S. Caviness Jr et al., "The human brain age 7-11 years: a volumetric analysis based on magnetic resonance images", Cerebral Cortex 6, no. 5 (1996), pp.726—736.

J. Piaget, The Essential Piaget, H. E. Gruber and J.J. Vonèche (eds), New York, Basic Books, 1977.

С. 36—37. «ЦЕ МОЄ!»

S. F. Warren, A. Rogers-Warren and D. M. Baer, "The role of off er rates in controlling sharing by young children",

Journal of App.lied Behaviour Analysis 9, no. 4 (1976), pp.491—497.

N. Chernyak and T. Kushnir, "Giving preschoolers choice increases sharing behaviour", Psychological Science 24, no. 10 (2013), pp.1971—1979.

J. H. Bryan and P. London, "Altruistic behaviour in children", Psychological Bulletin 73, no. 3 (1970), pp.200—211.

С. 46—47. «ХОЧУ СИНЄ ГОРНЯ! НІ, ЖОВТЕ! НІ, СИНЄ!»

B. Schwartz, The Paradox of Choice: Why More is Less, New York, Ecco, 2004.

H. A. Simon, "Rational choice and the structure of the environment", Psychological Review 63, no. 2 (1956), pp.129—138.

С. 50—51. «НЕ ВДЯГНУ!»

J. P. Owen et al., "Abnormal white matter microstructure in children with sensory processing disorders", NeuroImage: Clinical, no. 2 (2013), pp.844—853, cited in J. Bunim, "Breakthrough Study Reveals Biological Basis for Sensory Processing Disorders in Kids", UCSF [web article], 9 July 2013, https://www.ucsf.edu/news/2013/07/107316/breakthroughstudy-reveals-biological-basis-sensoryprocessing-disorders-kidsi, (accessed 27 June 2018).

S. Heller, Too Loud, Too Bright, Too Fast, Too Tight: What to do if you are sensory defensive in an over-stimulating world, New York, Harper Collins, 2003.

A. J. Ayres, Sensory Integration and the Child: Understanding Hidden Sensory Challenges, Los Angeles, Western Psychological Services, 2005.

С. 56—57. «ДАЙ ТЕЛЕФОН!»

A. Blum-Ross and S. Livingstone, "Families and screen time: current advice and emerging research", Media Policy Brief 17, London, Media Policy Project, London School of Economics and Political Science, 2016.

S. Livingstone et al., "Children's online activities, risks and safety: A literature review by the UKCCIS Evidence Group", UK Council for Child Internet Safety (UKCCIS), 2017.

С. 58—59. «НУ ЩЕ ОДНЕНЬКЕ!»

A. K. Ventura and J. A. Mennella, "Innate and learned preferences for sweet taste during childhood", Current Opinion in Clinical Nutrition & Metabolic Care 14, no. 4 (2011), pp.379—384, cited in G. C. Kroen, "Kids' Sugar Cravings Might Be Biological", NPR, [web article], 26 September 2011, https://www.npr.org/sections/thesalt/2011/09/26/

140753048/kids-sugar-cravings-might-be-biological,(accessed 27 June 2018).

J. O. Fisher and L. L. Birch, "Eating in the absence of hunger and overweight in girls from 5 to 7 y of age", American Journal of Clinical Nutrition 76, no. 1 (2002), pp.226—231.

С. 62—63. СОРОМ'ЯЗЛИВІСТЬ

J. Kagan, J. S. Reznick and N. C. Snidman, "Biological Bases of Childhood Shyness", Science 240, no. 4849 (1988), pp.167—171.

S. Cain, Quiet: The Power of Introverts in a World That Can't Stop Talking, London, Penguin, 2013.

С. 66—67. «А Я ХОЧУ ЗАРАЗ!»

W. Mischel, Y. Shoda and M. I. Rodriguez, "Delay of gratifi cation in children", Science 244, no. 4907 (1989), pp.933—938.

С. 76—77. «ОЦЮ КАЗКУ ХОЧУ»

A. Shahaeian, et al. "Early shared reading, socioeconomic status, and children's cognitive and school competencies. Scientific Studies of Reading 22, no. 6 (2018): pp.485—502.

M. S???en???echal and J. A. LeFevre, "Parental involvement in the development of children's reading skill: a five-year longitudinal study", Child Development 73, no. 2 (2002), pp.445—460.

D. C. Kidd and E. Castano, "Reading Literary Fiction Improves Theory of Mind", Science 342, no. 6156 (2013), pp.377-380.

J. S. Horst "Context and repetition in word learning", Frontiers in Psychology 4 (2013), p149.

С. 78—79. «ОГО, ЯКА ПАЛИЦЯ!»

G. Bento and G. Dias, "The importance of outdoor play for young children's healthy development", Porto Biomedical Journal 2, no. 5 (2017), pp.157—160.

С. 80—81. «А ЦЕ ДЛЯ ЧОГО?»

C. Kidd and B. Y. Hayden, "The psychology and neuroscience of curiosity", Neuron 88, no. 3 (2015), pp.449—460.

P. Y. Oudeyer and L. B. Smith, "How Evolution May Work Through Curiosity-Driven Developmental Process", Topics in Cognitive Science 8, no. 2 (2016), pp.492—502.

S. Engel, The Hungry Mind: The Origins of Curiosity in Childhood, Cambridge (MA), Harvard University Press, 2018 (reprint edition).

J. Panksepp, Aff ective Neuroscience: The Foundations of Human and Animal Emotions, Oxford, Oxford University Press, 1998.

M. Sunderland, The Science of Parenting, London, Dorling Kindersley, 2008.

С. 84—85. ЯК ВИДІЛИТИ ЯКІСНИЙ ЧАС

D. Elkind, The Hurried Child: Growing Up Too Fast Too Soon, Cambridge (MA), Perseus Publishing, 2001.

M. Sunderland, "The science behind how holidays make your child happ.ier — and smarter", The Telegraph, [web article], 1 February 2017, https://www.telegraph.co.uk/travel/family-holidays/the-science-behind-how-holidays-make-your-child-happ.ier-andsmarter/,(accessed 28 June 2018).

S. M. Siviy and J. Panksepp., "In search of the neurobiological substrates for social playfulness in mammalian brains", Neuroscience and Biobehavioural Reviews 35, no. 9 (2011), pp.1821—1830.

С. 86—87. «КОЛИ ВЖЕ БУДЕ ЗАВТРА?»

P. J. Bauer and T. Pathman, "Memory and Early Brain Development", in R. E. Tremblay, M. Boivin and R. D. V. Peters (eds), Encyclopedia on Early Childhood Development [online], December 2008, http://www.child-encyclopedia.com/brain/accordingexperts/memory-and-early-braindevelopment,[accessed 28 June 2018].

S. J. Beneke, M. M. Ostrosky and L. G. Katz, "Calendar time for young children: Good intentions gone awry", Young Children 63, no. 3 (2008), pp. 12—16.

K. A. Tillman and D. Barner, "Learning the language of time: Children's acquisition of duration words", Cognitive Psychology 78 (2015), pp. 55—77.

G. Burton and D. Edge, "Helping Children Develop a Concept of Time", School Science and Mathematics 85, no. 2 (1985), pp. 109—120.

С. 90—91. «ОБІЙМИ МЕНЕ!»

J. Kagan, "The Biography of Behavioral Inhibition", in M. Zentner and R. L. Shiner, (eds), Handbook of Temperament, Guilford Press, 2012, pp. 69—82.

С. 94—95. «ДАЙ МОЮ СОСКУ!»

Transitional Object Attachment, and Its Relation to Mental Health and Parental Bonding", Child Psychiatry and Human Development 28, no. 3 (1998), pp.149—167.

D. W. Winnicott, "Transitional Objects and Transitional Phenomena — A Study of the First Not-Me Possession", The International Journal of Psychoanalysis 34 (1953), pp.89—97.

NHS, "Sweets, fizzy drinks and bottles", NHS [web article], 25 November 2015,https://www.nhs.uk/Livewell/dentalhealth/Pages/Goodhabitskids.aspx, (accessed 28 June 2018).

С. 96—97. «МАМО, ТОБІ СУМНО?»

D. Goleman, Emotional Intelligence: Why it can matter more than IQ, London, Bloomsbury, 1996.

С. 98—99. «Я ЗАРАЗ ВИБУХНУ!»

R. W. Greene, The Explosive Child: A New App.roach for Understanding and Parenting Easily Frustrated, Chronically Infl exible Children, 5th ed., New York, Harper Paperbacks, 2014.

S. Shanker, Self-Reg: How to Help Your Child (and You) Break the Stress Cycle and Successfully Engage with Life, London, Penguin, 2017 (reprint edition).

С. 100—101. «УСЕ ОДНО ЗРОБЛЮ!»

T. Payne Bryson and D. Siegel, The Whole-Brain Child: 12 Proven Strategies to Nurture Your Child's Developing Mind, London, Robinson, 2012.

С. 102—103. «ЦЕ ТАК СМІШНО!»

A. S. Honig, "Research in Review: Humor Development in Children", Young Children 43, no. 4 (1988), pp.16—73.

C. Lyon, "Humour and the young child: A review of the research literature", TeleVIZIon 19 (2006), pp.4—9.

С. 104—105. «МОЖНА ПАНІ ЖИРАФА ОБІДАТИМЕ З НАМИ?»

M. Taylor, Imaginary Companions and the Children Who Create Them, Oxford, Oxford University Press, 1999.

M. Taylor and C.M. Mottweiler, "Imaginary companions: Pretending they are real but knowing they are not", American Journal of Play 1 (2008), pp.47—54.

С. 108—109. «МЕНІ ТАК ДОБРЕ З ТОБОЮ!»

J. Bowlby, The Making and Breaking of Aff ectional Bonds, Abingdon, Routledge, 2005.

M. Sunderland, The Science of Parenting, London, Dorling Kindersley, 2008.

С. 110—111. «ЧОМУ НЕБО БЛАКИТНЕ?»

M. M. Chouinard, "Children's questions: a mechanism for cognitive development", Monogr Soc Res Child Dev. 72, no. 1 (2007), pp.1—112.

A. Gopnik, A. Meltzoff and P. K. Kuhl, The Scientist in the Crib: Minds, Brains and How Children Learn, New York, William Morrow, 1999.

E. Elsworthy, "Curious children ask 73 questions each day — many of which parents can't answer, says study", The Independent, [web article], 3 December 2017, https://www.independent.co.uk/news/uk/home-news/curious-childrenquestions-parenting-mum-dad-googleanswers-inquisitive-argos-toddlers-chadvalley-a8089821.html, (accessed 28 June 2018).

B. A. Goldfi eld, "Vocabulary Size in the First Language", in C. A. Chapelle (ed.), The Encyclopedia of App.lied Linguistics, Hoboken, Wiley-Blackwell, 2012.

B. N. Frazier, S. A. Gelman and H. M. Wellman, "Preschoolers' search for explanatory information within adult-child conversation", Child Development 80, no. 6 (2009), pp.1592—1611.

С. 114—115. «КОЛИ Я БУВ МАЛЕНЬКИМ…»

C. M. Alberini and A. Travaglia, "Infantile Amnesia: A Critical Period of Learning to Learn and Remember", The Journal of Neuroscience 37, no. 24 (2017), pp.5783—5795.

D. Amso, "When Do Children Start Making Long-Term Memories?", Scientific American, [web article], 1 January 2017, https://www.scientifi american.com/article/when-dochildren-start-making-long-term-memories/, (accessed 2 July 2018).

С. 116—117. «Я ЗДАЮСЯ!»

C. Dweck, Mindset: Changing The Way You Think To Fulfi l Your Potential, London, Robinson, 2017 (revised edition).

M. Hillet al., "Parenting and resilience", [booklet], Joseph Rowntree Foundation, 2007.

K. R. Ginsburg, Building Resilience in Children and Teens: Giving Kids Roots and Wings, 2nd ed., Itasca (IL), American Academy of Pediatrics, 2011.

С. 126—127. «ДЕ МІЙ ВЕДМЕДИК?»

C. J. Litt, "Theories of Transitional Object Attachment: An Overview", International Journal of Behavioral Development 9, no. 3 (1986), pp.383—399.

D. W. Winnicott, "Transitional Objects and Transitional Phenomena — A Study of the First Not-Me Possession", The International Journal of Psychoanalysis 34 (1953), pp.89—97.

С. 128—129. «ТИ НІКОЛИ НЕ МАЄШ ЧАСУ!»

D. Elkind, The Hurried Child: Growing Up Too Fast Too Soon, Cambridge (MA), Perseus Publishing, 2001.

D. Code, Kids Pick Up on Everything: How Parental Stress is Toxic to Kids, Createspace, 2011.

K. Salmela-Aro, L. Tynkkynen, and J. Vuori, "Parents' work burnout and adolescents' school burnout: Are they shared?", European Journal of Developmental Psychology 8, no. 2 (2011), pp.215—227.

С. 130—131. «НЕНАВИДЖУ ЇЇ!»

A. Faber and E. Mazlish, Siblings Without Rivalry: How to Help Your Children Live Together So You Can Live Too, New York, W. W. Norton & Company, 2012.

С. 132—133. «МЕНІ СУМНО»

T. Payne Bryson and D. Siegel, The Whole-Brain Child: 12 Proven Strategies to Nurture Your Child's Developing Mind, London, Robinson, 2012.

С. 136—137. «КОЛИ ДИТИНА ХВОРІЄ»

E. Barlow, "Three Million Working Days Are Lost Each Year To Care For Sick Children", Female First, [web article], 4 December 2015, http://www.femalefi

rst.co.uk/parenting/three-million-working-days-year-care-sickchildren-900451.html, accessed 2 July 2018).

C. Eiser, "Changes in understanding of illness as the child grows", Archives of Disease in Childhood 60 (1985), pp.489—492.

С. 138—139. «МЕНЕ НАЗИВАЮТЬ ПЛАКСІЄМ!»

E. Kennedy-Moore, "Helping Children Who Cry Easily", Psychology Today, [web article], 1 September 2013, https://www.psychology-today.com/us/blog/growingfriend-ships/201308/helping-children-whocry-easily, (accessed 2 July 2018).

E. N. Aron, The Highly Sensitive Child: Helping Our Children Thrive When the World Overwhelms Them, New York, Harmony, 2002.

D. J. Kindlon, Raising Cain: Protecting the Emotional Life of Boys, New York, Ballantine Books, 2000.

С. 140—141. «МЕНІ НАСНИВСЯ СТРАШНИЙ СОН»

A. S. Honig and A. L. Nealis, "What do young children dream about?", Early Child Development and Care 182, no. 6 (2012), pp.771—795.

J. D. Woolley and H. M. Wellman, "Children's concept of dreams", Cognitive Development 7, no. 3 (1992), pp.365—380.

T. A. Nielsen et al., "Development of disturbing dreams during adolescence and their relation to anxiety symptoms", Sleep 23, no. 6 (2000), pp.1—10, cited in P. McNamara, "Children's Dreams and Nightmares", Psychology Today, [web article], 30 October 2016, https://www.psychology-today.com/gb/blog/dreamcatcher/201610/childrens-dreams-andnightmares,(accessed 27 June 2018).

С. 144—145. «У МЕНЕ АВАРІЯ»

M. Wells and L. Bonner, Effective Management of Bladder and Bowel Problems in Children, London, Class Publishing, 2008, cited in "Children who soil or wet themselves: information for parents, carers and anyone who works with children", leaflet, Royal College of Psychia-trists, https://www.rcpsych.ac.uk/healthad-vice/parentsandyoungpeople/parentscarers/soilingorwetting.aspx, (accessed online 28 June 2018).

С. 146—147. «ВОНА МЕНЕ ДРАТУЄ!»

M. Thompson, Mom, They're Teasing Me: Helping Your Child Solve Social Problems, New York, Ballantine Books, 2002.

С. 150—151. «БО Я ТАК СКАЗАВ!»

M. Thompson, Mom, They're Teasing Me: Helping Your Child Solve Social Problems, New York, Ballantine Books, 2002.

С. 154—155. «ДНІ НАРОДЖЕННЯ»

Asda/The Telegraph, "Parents spend £19k on children's birthday parties over lifetime", The Telegraph, [web article], 25 May 2015, https://www.telegraph.co.uk/news/shopp.ing-andconsumer-news/11627237/Parents-spend-19kon-childrens-birthday-parties-over-lifetime.html, (accessed 28 June 2018).

J. Woolley, "The All-Important Annual Birthday Party", Psychology Today, [web article], 10 January 2013, https://www.psychologytoday.com/us/blog/what-children-know/201301/the-all-important-annualbirth-day-party, (accessed 28 June 2018).

С. 158—159. «Я НАМОЧИВ ЛІЖЕЧКО»

NHS, "Bedwetting in under-5s", NHS [web article], 8 October 2015, https://www.nhs.uk/conditions/pregnancy-and-baby/bedwet-ting/,(accessed 27 June 2018).

National Institute for Health and Clinical Excellence, Nocturnal enuresis: The management of bedwetting in children and young people, London, National Clinical Guideline Centre, 2010.

Canadian Paediatric Society, "Bedwetting (enuresis)", Paediatrics & Child Health 3, no. 2 (1998), p141.

С. 164—165. «Я МОЛОДЕЦЬ?»

T. Carey, Taming the Tiger Parent: How to put your child's well-being first in a competitive world, London, Robinson, 2014.

С. 170—171. «РОЗЛУЧЕННЯ»

H. Westberg, T. S. Nelson, and K. W. Piercy, "Disclosure of Divorce Plans to Children: What the Children Have to Say", Contemporary Family Therapy 24, no. 4 (2002), pp.525—542.

J. Healy, A. Stewart, and A. Copeland, "The Role of Self-Blame in Children's Adjustment to Parental Separation", Personality and Social Psychology Bulletin 19, no. 3, pp.279—289.

С. 174—175. «НЕ МОЖНА МАЛЮВАТИ НА СТІНАХ!»

L. E. Berk, Infants, Children, and Adolescents, 4th Ed, Boston, Allyn & Bacon, 2002.

С. 182—183. «У МЕНЕ НЕ ВИЙДЕ!»

T. E. Chansky, Freeing Your Child from Negative Thinking: Powerful, Practical Strategies to Build a Lifetime of Resilience, Flexibility, and Happ.iness, Cambridge (MA), Da Capo Lifelong Books, 2008.

T. Carey, Taming the Tiger Parent: How to put your child's well-being first in a competitive world, London, Robinson, 2014.

С. 188—189. «ЧЕМНІСТЬ»

D. Auerbach, "Could your manners impact your career?", CareerBuilder, [web article], 27 August 2014, https://www.careerbuilder.com/advice/could-your-manners-impact-yourcareer, (accessed 28 June 2018).

M. Thompson, Mom, They're Teasing Me: Helping Your Child Solve Social Problems, New York, Ballantine Books, 2002.

E. Cook and R. Dunifron, "Do Family Meals Really Make a Difference?", Parenting in Context, Cornell University College of Human Ecology, 2012.

С. 190—191. «Я НІКОМУ НЕ ПОДОБАЮСЯ»

J. Mize and G. S. Pettit, "Mothers' social coaching, mother-child relationship style, and children's peer competence: is the medium the message?", Child Development 68, no. 2 (1997), pp.312—332.

E. Kennedy-Moore and C. McLaughlin, Growing Friendships. A Kids' Guide to Making and Keeping Friends, Hillsboro, Beyond Words Publishing, 2017.

M. Thompson, Mom, They're Teasing Me: Helping Your Child to Solve Social Problems, New York, Ballantine Books, 2002.

E. Kennedy-Moore, "What Are Social Skills? Helping children become comfortable and competent in social situations", Psychology Today, [web article], 18 August 2011, https://www.psychologytoday.com/intl/blog/growing-friendships/201108/what-are-so-cialskills, (accessed 27 June 2018).

T. Carey, "Does your child struggle to make friends? They could be suff ering from social dyslexia", The Telegraph, [web article], 31 August 2016, https://www.telegraph.co.uk/women/family/does-your-child-struggle-to-makefriends-they-could-be-suffering/, (accessed 27 June 2018).

С. 196—197. «НЕ ХОЧУ ЙТИ ДО ШКОЛИ»

L. Wilmshurst, Clinical and Educational Child Psychology. An Ecological-Transna-tional App.roach to Understanding Child Problems and Interventions, Hoboken, Wiley-Blackwell, 2013.

С. 200—201. «ТРУДНОЩІ ШКОЛИ»

H. Gardner, Frames of Mind: The Theory of Multiple Intelligences, New York, Basic Books, 1983.

H. Gardner, Multiple Intelligences: New Horizons in Theory and Practice, New York, Basic Books, 2006.

P. Tough, How Children Succeed, New York, Random House Books, 2013.

T. Carey, Taming the Tiger Parent: How to put your child's well-being fi rst in a competitive world, London, Robinson, 2014.

С. 204—205. «Я — НАЙКРАЩИЙ»

E. Brummelman and S. Thomaes, "How Children Construct Views of Themselves: A Social-Developmental Perspective", Child Development 88, no. 6 (2017), pp.1763—1773.

E. Brummelman et al., "Origins of narcis-sism in children", Proceedings of the National Academy of Sciences 112, no. 12 (2015), pp.3659—3662.

С. 208—209. «АЛЕ ВСІ МОЇ ДРУЗІ ВЖЕ ЦЕ МАЮТЬ!»

L. N. Chaplin and D. R. John, "Growing up in a Material World: Age Diff erences in Materialism in Children and Adolescents", Journal of Consumer Research 34, no. 4 (2007), pp.480—493.

J. B. Schor, Born to Buy: The Commercialized Child and the New Consumer Culture, New York, Simon & Schuster, 2004.

С. 212—213. «ГРОШІ»

A. Bucciol and M. Veronesi, "Teaching Children to Save and Lifetime Savings: What is the Best Strategy?", Journal of Economic Psychology 45 (2013), pp.1—17.

A. Furnham, "The saving and spending habits of young people", Journal of Forensic Psychology 20 (1999), pp.677—697.

R. Rubin, "Kids vs. Teens: Money and Maturity Guide to Online Behaviour", eMarket, 2004.

P. Webley, R. M. Levine, and A. Lewis, "A study in economic psychology: Children's saving in a play economy", in S. Maital and S. Maital (eds), Economics and Psychology, Edward Elgar, 1993, pp.61—80.

A. Strauss and K. Schuessler, "Socialization, logical reasoning and concept development in the child", American Sociological Review 16 (1951), pp.514—523.

A. F. Furnham, "Parental attitudes towards pocket money/allowances for children", Journal of Economic Psychology 22 (2001), pp.397—422.

С. 214—215. «ГОДІ СВАРИТИСЯ!»

M. El-Sheikh, E. M. Cummings, and S. Reiter, "Preschoolers' responses to ongoing interadult conflict: The role of prior exposure to resolved versus unresolved arguments", Journal of Abnormal Child Psychology 24, no. 5 (1996), pp.665—679.

M. El-Sheikh, "Children's responses to adult—adult and mother—child arguments: The role of parental marital conflict and distress", Journal of Family Psychology 11, no. 2 (1997), pp.165—175.

A. M. Graham, P. A. Fisher, and J. H. Pfeifer, "What Sleeping Babies Hear: An fMRI Study of Interparental Conflict and Infants' Emotion Processing", Psychological Science 24, no. 5 (2013), pp.782—789.

С. 216—217. «АЛЕ Я НЕ ХОЧУ СПАТИ!»

Stanford Children's Health, "Sleep and Your Child", Stanford Children's, [web article], http://www.stanfordchildrens.org/en/topic/default?id=sleep-and-your-child-1-2909, (accessed 2 July 2018).

M. Wood, "Electronic devices, kids and sleep: How screen time keeps them awake", Science Life (The University of Chicago Medicine), [web article], 17 February 2016, https://sciencelife.uchospitals.edu/2016/02/17/electronicdevices-kids-and-sleep-how-screen-timekeeps-them-awake/, (accessed 2 July 2018).

С. 218—219. «МЕНІ НУДНО!»

S. Mann and R. Cadman, "Does Being Bored Make Us More Creative?", Creativity Research Journal 26, no. 2 (2014), pp.165—173, cited in British Psychological Society (BPS), "Boredom can be good for you, scientists say", ScienceDaily [web article], 24 March 2015, www.sciencedaily.com/releases/2015/03/150324205940.htm, (accessed 25 June 2018).

E. Rhodes, "The exciting side of boredom", The Psychologist 28, no. 4 (2015), pp.278—281.

A. D. Pellegrini and C. M. Bohn-Gettler, "The Benefi ts of Recess in Primary School", Scholarpedia 8, no. 2 (2013), p30448.

D. G. Singer et al., "Children's Pastimes and Play in Sixteen Nations: Is Free-Play Declining?", American Journal of Play 1, no. 3 (2009), pp.283—312.

A. A. Brooks, Children of Fast-Track Parents, New York, Viking Books, 1989.

С. 222—223. «ЦЕ МІЙ ХЛОПЕЦЬ!»

R. P. Carlisle, Encyclopedia of Play in Today's Society, vol. 1, Thousand Oaks, SAGE Publications, 2009.

С. 224—225. «Я БІЛЬШЕ НЕ ГРАЮ!»

B. Priewasser, J. Roessler, and J. Perner, "Competition as rational action: why young children cannot app.reciate competitive games", Journal of Experimental Child Psychology 116, no. 2 (2013), pp.545—559.

С. 230—231. «Я ТОЧНО МАЮ РОБИТИ ВПРАВИ З МУЗИКИ?»

C. Chau and T. Riforgiate, "The Influence of Music on the Development of Children", BSc project, California Polytechnic State University, San Luis Obispo, 2010.

B. M. McGarity, "Relationships among Cognitive Processing Styles, Musical Ability and Language Ability", MEd thesis, University of New England, New South Wales, 1986.

С. 232—233. ««ЧУЖИЙ» — ЦЕ ХТО?»

"Staying safe away from home", NSPCC, [web article], https://www.nspcc.org.uk/preventingabuse/keeping-children-safe/staying-safeaway-from-home/, (accessed 2 July 2018).

С. 234—235. «НЕ ЧІПАЙ МІЙ ЩОДЕННИК!»

H. M. Gordon, T. D. Lyon, and K. Lee, "Social and cognitive factors associated with children's secret-keeping for a parent", Child Development 85, no. 6 (2014), pp.2374—2388.

M. D. Griffiths, "Writing Wrongs: Diary writing and psychological wellbeing", Psychology Today, [web article], 14 July 2015, https://www.psychologytoday.com/us/blog/in-excess/201507/writing-wrongs, (accessed 2 July 2018).

K. Klein and A. Boals, "Expressive writing can increase working memory capacity",

Journal of Experimental Psychology: General 130 no. 3 (2001), pp.520—533.

M. D. Lieberman et al., "Putting Feelings Into Words: Affect Labeling Disrupts Amygdala Activity in Response to Affective Stimuli", Psychological Science 18, no. 5 (2007), pp.421—428, cited in I. Sample, "Keeping a diary makes you happ.ier", The Guardian, [web article], 15 February 2009, http://www.guardian.co.uk/science/2009/feb/15/psychology-usa, (accessed 2 July 2018).

С. 236—237. «ЧОМУ ТИ МАЄШ ІТИ НА РОБОТУ?»

D. Elkind, The Hurried Child: Growing Up Too Fast Too Soon, Cambridge (MA), Perseus Publishing, 2001.

С. 240—241. «КУПІТЬ МЕНІ ТЕЛЕФОН!»

S. Livingstone et al., "Children's online activities, risks and safety: A literature review by the UKCCIS Evidence Group", UK Council for Child Internet Safety (UKCCIS), 2017.

K. M. Collier et al., "Does parental mediation of media influence child outcomes? A metaanalysis on media time, aggression, substance use, and sexual behavior", Developmental Psychology 52, no. 5 (2016), pp.798—812.

С. 242—243. «Я НЕГАРНА!»

L. Papadopoulos, Sexualisation of Young People Review, UK Home Office, 2010.

С. 244—245. «ПОЗАШКІЛЬНІ ЗАНЯТТЯ»

J. Hamilton, "Scientists Say Child's Play Helps Build A Better Brain", NPR, [web article], 6 August 2014, https://www.npr.org/sections/ed/2014/08/06/336361277/scientists-say-childs-play-helpsbuild-a-better-brain, (accessed 28 June 2018).

A. D. Pellegrini and C. M. Bohn-Gettler, "The Benefi ts of Recess in Primary School", Scholarpedia 8, no. 2 (2013), p 30448.

D. Elkins, "Are We Pushing Our Kids Too Hard?", Psychology Today, [web article], 1 January 2003, https://www.psychology-today.com/gb/articles/200303/are-we-push-ing-ourkids-too-hard, (accessed 28 June 2018).

A. Brooks, Children of Fast-Track Parents, New York, Viking Books, 1989.

Алфавітний покажчик

АВТОРКА

Таніт Кері — титулована британська журналістка, яка пише про найактуальніші проблеми сучасних батьків. Вісім її попередніх книжок було перекладено 15 мовами, зокрема німецькою, французькою, арабською, китайською, корейською, турецькою тощо. Певний час пані Кері працювала у США редакторкою та письменницею, а потім повернулася до Сполученого Королівства. Це дало їй можливість ознайомитися з науковою думкою по обидва боки Атлантичного океану, а також допомогло її працям потрапити на шпальти широкого кола видань, зокрема Daily Telegraph, The Times, The Guardian, New York Daily News. Таніт — часта гостя теле- та радіоефірів, як-от NBC Today (США), Radio 4's, Woman's Hour, You and Yours, передачі This Morning телеканалу ITV's, Lorraine show, Good Morning Britain. Таніт має двох доньок, 16 і 13 років.

КОНСУЛЬТАНТКА

Докторка Анхеред Рудкін — клінічна психологиня та асоційована дослідниця Британського психологічного товариства. Понад 15 років вона працює з дітьми, підлітками та родинами. Пані Рудкін має приватну психологічну практику, а також викладає клінічну дитячу психологію у Саутґемптонському університеті. Вона регулярно виступає і публікує статті про дитячий та сімейний добробут у британських газетах та журналах, зокрема є експерткою зі взаємин у щоденній газеті Metro. Анхеред постійно запрошують на теле- і радіопередачі як експертку з дитячих та сімейних проблем.

ПОДЯКИ

Від авторки. Дякую моїм донькам, Лілі та Кліо, — адже саме завдяки вам з'явилася ця книжка. Мені дуже бракувало подібного видання, коли ви були маленькими; сподіваюся, одного дня воно допоможе вам уже з вашими дітьми. Дякую своєму коханому чоловікові Ентоні, чия підтримка дала мені час на написання цієї книжки. На окреме згадування заслуговують моя чудова агентка, Керолін Монтґомері, і, звісно, докторка Анхеред Рудкін — моя виважена, мудра та завжди розсудлива консультантка, чиїм найпершим завданням завжди було допомагати батькам краще розуміти своїх дітей. Нарешті, дуже непросто випустити книжку про виховання, яка була б дійсно оригінальною і водночас мала просту й доступну форму викладу — і тут працівники видавництва London DK проявили себе просто фантастично. Неймовірна команда!

Від консультантки. Дякую своїм батькам, Ґвенді та Артуру, які оповили моє дитинство неймовірною любов'ю та вірою; дякую Девіду, Норі, Бріджет і Артуру, які навчили мене більшого, аніж могла б навчити будь-яка книжка.

Від видавництва. Ми хотіли б відзначити людей, які долучилися до праці над цією книжкою: Кейті Стір, яка вичитала текст; Ванессу Белл, яка впорядкувала видання.